Felix Pollak

# Lebenszeichen

Antifaschistische Literatur und Exilliteratur –
Studien und Texte 8

Herausgegeben vom Verein zur Förderung und Erforschung der antifaschistischen Literatur, A–1020 Wien, Engerthstraße 204/14
Redaktion: Siglinde Bolbecher, Konstantin Kaiser

Felix Pollak

# LEBENSZEICHEN

## Aphorismen und Marginalien

Herausgegeben von Reinhold Grimm und Sara Pollak

Verlag für Gesellschaftskritik

Gedruckt mit Unterstützung der Kulturabteilung der Stadt Wien und des Bundesministeriums für Wissenschaft und Forschung

Die Deutsche Bibliothek – CIP-Einheitsaufnahme

**Pollak, Felix:**
Lebenszeichen : Aphorismen und Marginalien / Felix Pollak.
Hrsg. von Reinhold Grimm und Sara Pollak. – Wien : Verl. für Gesellschaftskritik, 1992
(Antifaschistische Literatur und Exilliteratur ; Bd. 8)
ISBN 3–85115–167–4
NE: GT

Reihenkonzept: Astrid Gmeiner
Umschlaggestaltung: Katharina Uschan
Lektorat: Birgit Althaler
Layout: Axel Filippovits
ISBN 3-85115-167-4
©1992. Verlag für Gesellschaftskritik Ges.m.b.H. & Co.KG
A–1070 Wien, Kaiserstraße 91
Alle Rechte vorbehalten
Druck: rema print, Wien
Gedruckt auf chlorfrei gebleichtem Papier

*INHALT*

## *Aphorismen und Marginalien*



## *Anhang*

*Felix Pollak*, geboren am 11. November 1909 in Wien, studierte Jus an der Universität Wien und besuchte das Max Reinhardt-Seminar. Er inszenierte eine Freilichtaufführung von Shakespeares *Sommernachtstraum* in Salzburg. In der *Neuen Freien Presse* veröffentlichte er unter dem Pseudonym Felix Anselm seine ersten Aphorismen.
1938 flüchtete Pollak in die USA, arbeitete als Bäcker, Fabrikarbeiter, Hausierer, Bibliothekar. Er erwarb den Magistergrad der Bibliothekswissenschaften an der University of Michigan, leitete als Kurator die Spezialsammlung der Northwestern University in Evanston (Illinois) und seit 1958 die Sammlung seltener Bücher an der University of Wisconsin in Madison. Hier baute er die Marvin Sukov Collection sogenannter Little Magazines zur umfassendsten Sammlung schwer zugänglicher avantgardistischer Literaturzeitschriften im gesamten englischen Sprachraum aus. Er publizierte in mehr als 200 dieser Zeitschriften seine eigenen Beiträge. 1963 erschien sein erster Gedichtband in englischer Sprache: *The Castle and the Flaw*. Berühmt wurde sein Anti-Vietnamkriegsgedicht *Speaking: The Hero,* das in sieben Sprachen übersetzt wurde.
1974 wurde er wegen fortschreitender Erblindung pensioniert; noch vor seinem Tod, am 19. November 1987 in Madison, stellte er den Auswahlband *Vom Nutzen des Zweifels* (erschienen posthum Frankfurt 1989) zusammen, ins Deutsche übersetzt von ihm selbst, Hans Magnus Enzensberger, Reinhold Grimm und Klaus Reichert.
Weitere Werke: *Say When* (1969), *Gingko* (1973), *Subject to Change* (1978), *Pros and Cons* (1983), *Benefits of Doubt* (1988).

*Reinhold Grimm,* geboren 1931 in Nürnberg, Professor für Germanistik und vergleichende Literaturwissenschaft an der University of California in Riverside, Gründungspräsident der Internationalen Brecht-Gesellschaft und Mitbegründer der Georg Büchner-Gesellschaft, Ehrendoktor der Georgetown University in Washington, ist Verfasser zahlreicher Bücher und Aufsätze, u.a. über Gottfried Benn, Bertolt Brecht, Rainer Maria Rilke, über Komiktheorie, Realismus, Fragen der Exilliteratur. Grimm, der mit Felix Pollak persönlich befreundet war, lebt in Riverside.

*Sara Pollak,* geboren 1909 in Chicago, studierte an der Northwestern University und an der University of Wisconsin. Dr.phil. in Pädagogik; Sprach- und Lerntherapeutin. Seit 1950 mit Felix Pollak verheiratet. Sie publizierte zahlreiche Aufsätze und drei Fachbücher und half ihrem erblindeten Mann in seinen letzten Lebensjahren beim Schreiben und Publizieren seiner Werke. Sara Pollak ist als Fachberaterin tätig und lebt in Madison (Wisconsin).

Felix Pollak

*APHORISMEN UND MARGINALIEN*

*Für meinen Bruder*

## *I. Von Aphorismen, Worten und Sprichworten*

*1* Der Aphorismenleser muß, um einen geistigen Gewinn zu erzielen, den umgekehrten Weg gehen, den der Aphorismenschreiber gegangen ist. Für diesen sind Aphorismen die Endglieder von Gedankenketten, Urteilsverkündigungen in Denkprozessen, Extrakte, Essenzen; für jenen sind sie Gedankenknospen, die mit Denkwasser begossen werden müssen, um sich zu entfalten, Filmnegative, kontemplativer Entwicklung bedürftig, Türen, die sich auf Gedankengänge auftun. Der Leser muß sich, um ins Freie zu gelangen, an den Gedankenfäden des Autors ins Labyrinth zurücktasten.

*2* Aphorismen sind nicht Kurzschriftanmerkungen zum Zwecke künftiger Ausarbeitung, nicht Rohmaterialien für Aufsätze, sondern im Gegenteil: mancher Aufsatz, den man schrieb, entpuppt sich eines Tages als die unwissentlich geleistete Vorarbeit für das Fertigprodukt in zwei Zeilen: den Aphorismus.

*3* Der Aphorismus überholt einen Aufsatz mit einem Satz.

*4* Tausend Rußkörnchen ziehen durch die Luft, aber nur wenige glühen: Funken. Tausend Gedanken gehen mir durch den Kopf, aber nur wenige glühen: Aphorismen.

*5* Der Aphorismus: ein in flagranti ertappter Gedanke.

*6* Gedankensplitter entstehen durch Kopfzerbrechen.

*7* Die Wirkung eines Wortes wird von der Fülle und Intensität der Assoziationen bestimmt, die für den Empfänger in ihm schwingen. Je mehr gleichgestimmte Saiten beim Partner von diesen Schwingungen, sie harmonisch verstärkend, in Bewegung gesetzt werden, desto voller der seelische Akkord, desto tiefer das Verstehen, desto inniger die Sympathie. Aneinander vorbeireden heißt, die Tasten eines saitenlosen Klaviers anschlagen.

*8* Gute Aphorismen zeichnen sich dadurch aus, daß man ihre Inhalte meistens schon irgendwo schlechter ausgedrückt gelesen hat.

*9* Sprichwörter leuchten ein. Aphorismen leuchten auf.

*10* Der Aphorismus ist immer entweder eine Über- oder eine Unterwahrheit. Er ist eine Luftlinie zur Wahrheit oder ein Umweg zu ihr, nie die Wahrheit selbst. Wenn man auf einen Satz sagen kann „Wie wahr!“, so hat man es nicht mit einem Aphorismus zu tun, sondern mit einer Binsenwahrheit – also mit einer von Binsen überwachsenen uralten Lüge.

*11* Ein Aphorismenbuch kann man ebensowenig „lesen“, wie man eines „schreiben“ kann. Man kann seinen Inhalt nur zusammentragen wie den Inhalt einer Kreuzerlsparkasse, und wie dieser soll man auch ihm nur dann und wann, im Bedarfsfall, ein paar Münzen entnehmen.

*12* Wenn zwei dasselbe sagen, so ist es nicht dasselbe. Gedanken sind wie Kleider: die Gedankenstoffe sind Allgemeingut, aber um dem jeweiligen Träger zu passen, müssen sie auf ihn zugeschnitten sein und je nach seiner Statur an den Nähten ausgelassen oder eingenommen werden. Einem unverändert übernommenen Gedanken merkt man es immer an, daß er dem Nachsager entweder um den Geist schlottert oder ihm zur Zwangsjacke geworden ist.

*13* Gedanken soll man auf die gleiche Art aussprechen, wie man Kleider tragen soll: alte, als wären sie neu, und neue, als wären sie alt.

*14* Die besten Aphorismen sind doch die, die einem immer wieder von neuem einfallen!

*15* Ich lese Aphorismenbücher immer in der Angst, daß ich einen Satz, der mir einfiel, bereits gedruckt finden könnte. Wenn aber dieser schreckliche Fall wirklich einmal eintritt und mich zwingt, auf daß ich nicht als Plagiator dastehe, meinen Originalgedanken in den Papierkorb zu werfen, dann fühle ich den ohnmächtigen Grimm dessen, der soeben entdecken mußte, daß er plagiiert worden ist!

*16* Die Kenntnis jeglicher Sprache beginnt mit der Erkenntnis, daß es keine Synonyme gibt.

*17* „Jemandem ein Leid zufügen" ist ein tiefes Wort: es wird ihm hinzugefügt, es wird ihm an-getan, und nun ist er mehr geworden, nun ist er um das Leid bereichert. (Eine Freude hingegen kann man jemandem nicht zufügen, die ist nicht auf Lager, die muß man erst fabrizieren, muß sie ihm machen oder bereiten!)

*18* Teilnahme ist nicht immer erwünscht. Mancher will seinen Schmerz für sich allein haben, und niemanden, der ihm einen Teil davon nimmt.

*19* Teilnahme geben: ein tiefes Wort.

*20* Beileid: Nebenbei-Leid.

*21* Man kann dem Leben auf verschiedene Art die Zähne zeigen. Die amerikanische Art ist: lächeln.

*22* „Präsens" wäre häufig mit „Widerwart" zu übersetzen.

*23* Ich bezweifele mehr und mehr die Angemessenheit des Ausdrucks „unmenschliche Grausamkeit"!

*24* Gut meint man es im Grunde immer nur mit sich selbst. Darum kann man es mit einem, den man nicht versteht, der also stets ein anderer, ein Außenstehender, ein außerhalb unser Stehender bleibt, nicht wahrhaft gut meinen. Denjenigen aber, den man verstehen kann, macht man ebendadurch zu einem Teil seiner selbst und beginnt ihn ebendarum zu lieben: man „schließt ihn ins Herz", man „hat ihn im Sinn" – man meint es gut mit ihm.

*25* Ich begann einen Satz mit „Es ist ein eigenartiges Gefühl, daran zu denken...", stockte, sann über diese Wendung nach – und entschied, daß in ihr Gefühl und Gedanke so innig verschwistert waren, wie sie es nur in Wirklichkeit sind; darauf beendete ich meinen Satz, und es war ein eigenartiges Gefühl, daran zu denken, daß sein mir ursprünglich aufzeichnenswert erschienener Inhalt nicht einmal annähernd an jenen – ohne Zweifel unbemerkt bleiben werdenden – Beginn heranreichen konnte!

*26* Das Glück der Sprache liegt darin, daß man in aller Öffentlichkeit so viele private Geheimnisse mit ihr haben kann.

*27* Wie armselig, zauberlos und dürr muß doch eine Phantasie sein, die mit „F" geschrieben wird! Fantastisch fantasielos! Wohingegen bei einem Gebrauchsgegenstand wie dem Telephon, zumal es zum hellenischen Geist ja doch keine Verbindung herstellen könnte, die zeit- und raumsparende F-Schreibung ganz angebracht erscheint. Telefon. Geht in Ordnung.

*28* „Der Mann, der die Maschine bediente..." – die Sprache bringt es an den Tag. Und gar erst: „Er gefiel sich in Gefälligkeiten..."

*29* Ich habe an Tieren noch nie einen „tierischen Ernst" bemerkt. Nur an Menschen.

*30* *Ethno-Charakterologie*

Der Amerikaner lebt nicht: he makes a living.
Der Deutsche stirbt nicht: er wird abberufen.
Der Berliner sagt nicht „ja“; er sagt: „Machen wa!“
Der Wiener sagt nicht „nein“; er sagt: „Net amol denken!“

*31* Die Österreicher lassen sich in zwei Gruppen einteilen: in solche, die einen Amtscharakter haben, und in solche, die sich einen anmaßen. Delikte sind Manifestationen von Wunschträumen, und „Anmaßung eines falschen Amtscharakters“ (oder wie die Gebildeten sagen: „Fälschliche Anmaßung eines Amtscharakters“) gehört in Österreich zu den häufigsten Vergehen. Beachtenswert ist dabei vor allem die Formulierung, in der bereits die ganze schlamperte Tautologie dieser spezifischen Volksseele enthalten ist: es muß nämlich entweder die (echte) Anmaßung eines falschen Amtscharakters oder die fälschliche Anmaßung eines (echten) Amtscharakters vorliegen, um das Delikt zu begründen; denn die (echte) Anmaßung eines (echten) Amtscharakters wird im wienerischen Breitengrad nicht für eine unehrenhafte Handlung gehalten. Dort kann man sich bekanntlich ganz rechtmäßig etwas anmaßen, solange es nur etwas Rechtmäßiges ist: wodurch man es eben wird. Während das Delikt der „fälschlichen Anmaßung eines Amtscharakters“ hauptsächlich in dem faktischen Nichtbesitz eines Amtscharakters bestehen dürfte, also in einer Amtscharakterlosigkeit. Und das ist ja auch ganz verständlich bei einer Nation, die, was Charakter anbelangt, tatsächlich nicht viel Auswahl hat und der daher ein Amtscharakter besser erscheinen muß als gar nix!

*32* Wenn der Angelsachse jemanden nicht mag, so sagt er: „I have no use for him!“

*33* Manche meiner besten psychologischen Einsichten verdanke ich nicht meinem Verkehr mit Menschen, sondern meinem Umgang mit Worten.

*34* Merkwürdig und aufschlußreich, daß es immer heißt, jemand sei „mit sich und der Welt“ zufrieden bzw. unzufrieden, niemals aber „mit der Welt und sich“: der sprachliche Niederschlag der uralten Weisheit, daß unser Ichgefühl das Primäre, unser Weltgefühl das Sekundäre ist, dieses ein Ausfluß von jenem, der Makrokosmos „Welt“ eine Projektion des Mikrokosmos „Ich“.

*35* Wie sonderbar – da doch Kopf ungefähr dasselbe bedeutet wie Haupt – daß köpfen dasselbe bedeutet wie ent-haupten! Wieviel schöner wär's doch, wenn man einen auf die gleiche Art köpfen könnte, wie man ihn adeln kann – indem man ihm also einen Kopf verleiht!

*36* Aus einem Handbuch des deutschen Strafrechtes ersehe ich, daß es ein „Strafbedürfnis des Staates“ gibt. Danach wären also Gefängnisse staatliche Strafbedürfnisanstalten!

*37* Nichts kommt der Verblüffung und dem freudigen Schreck gleich, die man empfindet, wenn man eine Metapher wieder zu ihrem Ursprung erwachen sieht – zum Beispiel, wenn man im Zoo eines Vogels Strauß ansichtig wird, der, Kopf im Sand, Vogel-Strauß-Politik betreibt!

*38* Nur dem kann viel einfallen, der sich weit aufschließt – das ist ein einfaches Bild. Wer sich der Welt öffnet, dem fällt die Welt ein. (Freilich hat „einfallen“ auch die Bedeutung „einstürzen“...!)

*39* Ein Hellseher, der heutzutage kein Schwarzseher ist, ist kein Hellseher!

*40* Von Rechthaberei spricht man, wenn einer zwar nicht Recht hat, es aber behalten will.

*41* Ist es nicht ein ironischer Tiefsinn der Sprache, daß man von jemandem, der Sorgen hat, sagt: „Er macht sich Sorgen"?

*42* Wenn zweien dasselbe geschieht, ist es auch nicht dasselbe!

*43* Einseitigkeit kann vielfältig sein, Vielseitigkeit einfältig.

*44* Eigentum macht eigentümlich.

*45* Wer nichts hat, hat nichts zu gewinnen.

*46* Wer selbst hineinfällt, gräbt andern eine Grube.

*47* Kommt Zeit, kommt Unrat.

*48* Was dem einen recht ist, ist dem andern billig. Noch öfter gilt: Was dem einen Recht ist, ist dem andern billig!

*49* Rache ist süß – aber nur, wenn sie der Beleidigung auf dem Fuße folgt. Späte Rache ist bitter, denn meistens ist sie gar keine Rache mehr, sondern die Begehung einer neuen Untat an Stelle der Vergeltung einer alten. Nicht, daß das ursprüngliche Unrecht im Lauf der Zeit notwendigerweise in Vergessenheit geraten müßte, oder der Schmerz und Zorn des Gekränkten sich verringern; aber auch dem unverminderten Rachedurst wird der Trank der späten Vergeltung meist durch den unerwarteten Wermuttropfen des Mitleids vergällt: der mächtige und erbarmungslose Peiniger von einst, vom bloßen Ablauf der Natur zur Ohnmacht oder gar Erbärmlichkeit reduziert, entzieht sich der Sühne durch unspezifisches und reueloses Gebüßthaben, und der endlich zur Heimzahlung Gelangte steht, unvergebend von Vergeblichkeit erfüllt, um sein Ziel betrogen am Ziel.

*50* „Selbsterkenntnis ist der erste Schritt zur Besserung": gibt es einen niederschlagenderen Niederschlag der Unweisheit, daß der Mensch von Natur aus böse sei? Und gibt es ein überzeugenderes Argument als den biblischen Bericht vom Sündenfall dafür, daß Selbsterkenntnis der erste Schritt zur Schlechterung war?

*51* Niemand ist vor seinem Glücke menschlich zu preisen.

*52* Alles verstehen heißt erkennen, daß es anmaßend ist, zu verzeihen.

*53* Nur wer gehorchen gelernt hat, kann es über sich bringen, nicht zu befehlen.

*54* Das gebrannte Kind läßt das Feuer, das es scheut, nicht ausgehn. Es hütet es, um sich vor ihm zu hüten.

*55* Daß aus nichts nichts wird, mag stimmen. Aber was aus etwas etwas macht, ist stets das Nichts hinter dem Etwas.

*56* Arbeit macht das Leben süß – aber nicht das ganze, sondern nur die Zeit des Lebens, in der man nicht arbeitet. Von Rechts wegen sollte es heißen: Arbeit macht die Nichtarbeit süß, und so ist es mit allem: Krankheit macht die Gesundheit süß, erst durch die Dummheit wird die Gescheitheit zu einem Wert, nur weil es den Tod gibt, hängt man am Leben. Immer besteht das Plus nur von Gnaden des Minus, und nichts Helles wäre hell, wenn es das Dunkle nicht gäbe, von dem es sich abheben kann.

*57* Wir wähnen, daß uns die Zeit vergehe, und ahnen nicht, daß wir der Zeit vergehen. Wir verbringen die Zeit nicht, sie verbringt uns.

*58* Bewähren kann sich nur, wer sich bewahrt.

*59* Es fragt sich, ob nicht ein tiefer Sinn in dem formalen Unterschied von „ich werde geboren“ und „ich sterbe“ gelegen ist. Das eine Mal verwenden wir ein Passivum, das andere Mal ein sehr aktives (ich tu sterben) Intransitivum. Also kaum daß wir geboren wurden, kaum daß es uns widerfahren ist, beginnen wir zu sterben – in demselben Augenblick, in dem wir zu leben beginnen; und wir setzen unser Sterben unser Leben lang fort, wir sterben lebenslänglich, wir sterben unser Sterben in demselben Sinn, in dem wir unser Leben leben – als eine Tätigkeit, eine dauernde Handlung. Wir werden jedoch, dem Willen der Sprache gemäß, nicht gestorben... obzwar auch das seinen guten Sinn hätte, wie das lateinische *moriri* bezeugt.

*60* Wir wähnen, daß Worte uns die Realität der Dinge, die sie benennen, zu erschließen vermögen – aber Worte sind Vehikel, die ihre Endstationen stets lange vor dem Reiseziel erreicht haben. Oft sind sie Brücken zwischen der Innen- und der Außenwelt, aber öfter noch sind sie die Symbole der Scheidewand zwischen beiden.

*61* Dem Ausdruck „zu guter Letzt“ dürfte der Gedanke zugrunde liegen, daß alles mit dem Tode endet.

*62* Er sagte: „Das fällt mir nicht einmal im Schlaf ein!“ – und ich glaubte ihm. Und ich mußte daran denken, was für wunderbar reiche Bände sich mit all dem füllen ließen, was ihm nicht einmal im Schlaf einfällt – und mir nur...!

*63* Mit der Bezeichnung „homo sapiens“ setzt sich der Mensch die Krone der Schöpfung auf.

*64* Der Weg der meisten Menschen führt per astra ad aspera.

## *II. Definitionen, Unterscheidungen*

*1* Es gibt zweierlei Wahrheiten: solche, zu denen man hinaufgelangt, und solche, auf die man herunterkommt.

*2* Die Ethik ist der Maßstab für gut und böse, die Moral der Maßstab für erlaubt und verboten. Jene gemahnt an Menschenrechte, diese an Bürgerpflichten.

*3* Ethik, das normative Prinzip, der Logos, ist der Spiegel des Absoluten, die platonische Idee von gut und böse. Moral, der Nomos, ist die relative Regel im Dienst des Funktionellen, die Konvention auf der Basis der Utilität. Sie berührt alles, bis auf das physisch Indispensable; nur wo es keine Wahl gibt – also bei den essentiellen physiologischen Bedürfnissen –, haben die Begriffe „moralisch“ und „unmoralisch“ keine Bedeutung mehr und können sich höchstens bei der Hintertür des Modus der Bedürfnisbefriedigung als „schicklich“ oder „unschicklich“ einschleichen.

*4* Ethisch handeln heißt: für das Gute kämpfen, ohne an seinen Sieg zu glauben.

*5* Ästhetik verhält sich zu Mode, wie sich Takt zu Manieren verhält.

*6* Hätte ich jemandem den Unterschied zwischen Vermögen und Kapital zu erklären, so würde ich ihm den Unterschied zwischen Männer- und Frauenkleidern zu bedenken geben. Für den Mann nämlich bedeuten Kleider Vermögen: er trägt sie. Für die Frau hingegen bedeuten sie Kapital: sie tragen ihr.

*7* Gefühl ist immer schamhaft. Sentimentalität immer schamlos.

*8* Etwas können heißt: es nicht mehr schwer finden. Etwas nicht können: es noch nicht schwer finden.

*9* Die Uhr ist ein Zeitmesser: sie mißt die Zeit, indem sie sie zerschneidet.

*10* Zeit haben – das ist die Fähigkeit, die Gewichtlosigkeit unserer Wichtigkeiten zu fühlen.

*11* Sensitivität ist gesteigerte – also vertiefte – Bewußtheit. Auf ihrer höchsten Stufe ist sie Selbstbewußtheit, Unterbewußtseinsbewußtheit.

*12* Jemand sein heißt: niemandem gehören.

*13* Ironisch sein heißt: sich über eine Traurigkeit lustig machen.

*14 Unterscheidung*

Stummsein ist ein Gebrechen: stumm ist, wem's am Wort gebricht.
Schweigen heißt: ohne Wort sprechen. Schweigen ist ein Verzicht.
Schweigen heißt: ent-sprechen. Stumm ist, was noch nicht spricht.
Stumm sind schneeige Flächen. Schweigsam mein Spiegelgesicht.

*15* Der Märtyrer: ein Mensch, dem es verhängt ist, das Schaben der Nadel auf einer Grammophonplatte lauter zu hören als die Musik.

*16* Der Realist: einer, dem es nicht eingeht, daß auch am Tage die Sternschnuppen fallen.

*17* Der Statistiker: ein Mann, der die Bäume vor den Wäldern nicht sieht.

*18* Der Zyniker: einer, der aus einem Elefanten eine Mücke macht.

*19* Der Reaktionär: häufig ein Revolutionär, der die Früchte der Revolution vor Revolution zu schützen sucht.

*20* Der zerstreute Professor: ein Mann, der so sehr bei seiner Sache ist, daß er seine Siebensachen vergißt. (Zum Gaudium derer, die nichts als ihre Siebensachen im Kopf haben.)

*21* Der Selbstmörder: einer, der sich von unserer Gegenwart erlöst.

*22* Bordellmädchen: Unzuchthäuslerin.

*23* Narr: einer, den man nicht versteht.

*24* Der Mediziner kennt nur Fälle. Der Arzt nur Befallene.

*25* Furcht: der Barometer des Verlangens.

*26* Mitleid: Furcht vor Selbstleid.

*27* Glück: der Schnittpunkt der Geraden „Noch nicht“ mit der Geraden „Nicht mehr“. (Der Punkt hat bekanntlich keine Dimension.)

*28* Glück: der Gedanke an das Rußkörnchen, das dir nicht ins Auge flog.

*29* Desillusionierung: meistens der Erwerb negativer Illusionen.

*30* Neurose: unser Tribut an die Zivilisation dafür, daß sie uns von den Symptomen der Gesundheit geheilt hat.

*31* Politik (frei nach Clausewitz): die Fortsetzung des Krieges mit anderen Mitteln.

*32* Nationalismus: völkisches Provinzlertum.

*33* Diktatorenpolitik: Getan – gesagt.

*34* Diplomatie: verbindliche Unverbindlichkeit.

*35* Sehnsucht: die Sucht, sich zu sehnen.

*36* Satire: ein Schrei, zur Agonie des Flüsterns gesteigert; eine Grimasse der Qual, die wie Grinsen wirkt; jener Siedepunkt des Schmerzes, der die Sensation der Kälte erzeugt.

*37* Tragische Schuld: eine Schuld ohne Schuldigen.

*38* Der Unterschied zwischen tragisch und trist ist, daß das Tragische unvermeidlich ist, das Triste jedoch zufällig. Es gibt keine tragischen Zufälle oder Unfälle – nur traurige und bedauerliche. Wenn jemandem der sprichwörtliche Ziegelstein auf den Kopf fällt, so ist das ein trauriges Ereignis. Um zu einem tragischen zu werden, müßte noch etwas hinzukommen, nämlich das Element des Unausweichlichen und Schicksalhaften – und damit Sinnvollen. Das Tragische ist sinnvoll, das Triste sinnlos. Nur sofern es möglich ist zu demonstrieren, daß ein scheinbarer Zufall in Wahrheit gar keiner war, sondern ein aus dem Zusammentreffen von Situation und Charakter *notwendig* hervorgehendes Ereignis; oder daß es überhaupt keinen Zufall gibt, sondern lediglich Prädestination (als Folge von Charakter): nur insofern ist es möglich, eine Tristheit in eine Tragödie zu verwandeln.

*39* Wer zu Schaden kommt, weil er seinem Charakter gemäß handelt, erlebt ein tragisches Schicksal; wer zu Schaden kommt, weil er sich selbst untreu wird, ist hingegen bloß ein trauriger Fall.

Der Tod des Sokrates war tragisch, weil dieser aus sich selbst die Konsequenzen zog. Hätte er jedoch seinem Wesen zuwidergehandelt, hätte er versucht, sich dem ihm logisch zukommenden Ende durch die Flucht zu entziehen, und wäre ihm auf dieser ein tödlicher Unfall zugestoßen: dann wäre sein Tod zwar an sich kein geringerer Verlust gewesen, aber er wäre aus einem sinnvollen Tod zu einem sinnlosen geworden, aus einem tragischen zu einem tristen.

*40* Sprachreinigung: Ersetzung eines deutschen Fremdworts durch ein fremdes Deutschwort.

*41* Es ist immer dasselbe: die einen *sind* deutsch – die andern *können's.*

*42* Gesellschaftskonversation: der lärmende Leerlauf der Münder und Gehirne, der Versuch, durch Gerede zu verheimlichen, daß man nichts zu sagen hat, die kollektive Errichtung eines geistigen Verkehrshindernisses.

*43* Reden: ebensooft eine Kommunikationsstörung wie ein Kommunikationsmittel.

*44* Redefreiheit: das unbestrittene Recht des Einzelnen, seine Meinung frei über alle Angelegenheiten zu äußern, die der Allgemeinheit stagelgrün aufliegen.

*45* Courage: Willigkeit jenseits von Fähigkeit.

*46* Ruhm: eine Fußspur im Triebsand der Zeit.

## *III. Ich, Du*

*1* Meine Ichs sind die Töne der Melodie, welche ich bin; die Fäden des Gewebes, welches ich bin; die regenbogenfarbigen Strahlen des Lichtes, welches ich bin: nicht Summanden, sondern die Elemente einer Synthese. Meine Veränderungen sind daher auch keine bloßen Differenzen der Quantität und Qualität, Zuwüchse und Abnahmen, Meliorationen und Deteriorationen, sondern Wandlungen der Intensität und Kombination, frische Bindungen und Lösungen innerhalb der Substanz, Varianten des Themas und der Rhythmen, andersartige Verknüpfungen und Muster im Geflecht, neue Stufungen und Schattierungen, Brechungen und Tönungen von Helle und Dunkelheit.

*2* Den meisten Leuten kommt es nicht zum Bewußtsein, daß die spezifische Beleuchtung, in der sie jemanden sehen, von ihnen selbst verbreitet wird. Dem einen erscheinen wir als Zyniker, dem andern als Schwärmer, einer hindert uns durch seine Gegenwart daran, unser Wesen zu entfalten, und nennt uns darum gehemmt, ein anderer findet, wir sähen immer so verdrießlich drein, und kommt nie auf die Idee, daß er die Ursache sein könnte, ein dritter, der zu lachen versteht, hält uns für witzig und macht uns so: jeder bringt andere Saiten in uns zum Klingen und sieht sie als die einzigen an, die wir besitzen, weil er infolge seiner Art, auf uns zu spielen, immer nur die nämlichen Töne hört.

*3* Enttäuschung an anderen ist oft nur das Symptom der Täuschung über sich.

*4* Wir sind in unseren seelischen Beziehungen zueinander immer zugleich musikalische Instrumente und Spieler. Der Grad, in dem wir vorwiegend diese oder jene sind, bestimmt den Ton und Charakter unserer Beziehung. Der naheliegende Gedanke, daß unser Spielersein das männliche Prinzip in uns ausdrücke und unser Instrumentsein das weibliche, mag insofern seine Richtigkeit haben, als wir stets beide Elemente als Akkorde in uns vereinen – als unser Dur und Moll. Insbesondere jenen Männern, die sich allmännlich dünken, sei zu bedenken gegeben, daß nur, wer selbst Instrument ist, andern Instrumenten Töne entlocken kann. Denn ein Instrument spielen heißt, es in Schwingungen versetzen – was nur dem gelingen kann, der schwingt; ein Instrument spielen heißt, ihm eine Melodie vorsingen und es zum Nachsingen bewegen. Der Singende aber ist stets das Instrument und sein Meister in einem.

*5* Unsere Fähigkeit, uns jemandem verständlich zu machen, ist immer zum großen Teil dessen Fähigkeit, zu verstehen. Anderseits ist die Notwendigkeit von Erklärungen oft an sich schon ein Symptom dafür, daß sie nichts nützen werden. Denn es gibt Dinge, die entweder ohne Erklärung verstanden werden müssen – oder ihr zum Trotz nicht verstanden werden können.

*6* Ob man einem Menschen etwas zu sagen hat, merkt man oft erst, wenn man daran geht, ihm einen Brief zu schreiben. Manchmal empfindet man es da als Erlösung, von den kleinen störenden Wichtigkeiten des Alltags, die immer im Weg einer guten Konversation gestanden hatten, befreit zu sein und endlich Raum zu haben für die stets aufgeschobenen Wesentlichkeiten. Oft aber erkennt man mit Schrecken, daß jene scheinbar so ablenkenden Trivialitäten in Wirklichkeit die wohltätigen Stichwortbringer gewesen waren für Gespräche, die das Einander-nichts-zu-sagenhaben verbargen und solcherart über die klaffende Leere hinwegtäuschten, die sich nun plötzlich erbarmungslos über ein weißes Briefpapier ausbreitet. Und man erkennt, daß es zweierlei Beziehungen der Menschen zueinander gibt: solche, die von dem täglichen Kleinkram des Lebens verzehrt, und solche, die von ihm genährt werden.

*7* Nur diejenigen Menschen können miteinander Kontakt haben, die in Kontakt sind mit sich selbst.

*8* Nahekommen kann man den Dingen wie den Menschen erst, wenn man Distanz zu ihnen hat. Wem wir zu nahe kommen, den verlieren wir aus den Augen.

*9* Der Wert erkennt sich besser im Angesicht des Wertes als im Angesicht des Unwerts.

*10* Wer uns nichts zu sagen hat, der verschlägt uns die Rede.

*11* Am tapfersten (im landläufigen Sinn) ist gewöhnlich, wer am wenigsten zu verlieren hat. Je wertvoller, je bewußter der Werte, die er in sich trägt, ein Mensch ist, desto größer ist sein Selbsterhaltungs-, sein Selbstbewahrungstrieb – also seine Feigheit. Helden sind Leute, die etwas haben, wofür sie sterben wollen; „Feiglinge" solche, die etwas haben, wofür sie leben können.

*12* Dadurch, daß man ihn zu trösten suchte, wurde manchem erst zum Bewußtsein gebracht, wie unglücklich er sei.

*13* Was uns als ein „interessantes Erlebnis" erscheint, ist in der Regel entweder eine Annehmlichkeit, die uns, oder eine Unannehmlichkeit, die einem andern widerfährt.

*14* Wenn man jemandem zuliebe seinem eigenen Wesen zuwiderhandelt, so wird einem das am Ende immer von demjenigen, um dessentwillen man das Kompromiß schloß, als ein sich Kompromittierthaben ausgelegt und heimlich als Schwäche verübelt. Und mit Recht: denn die ärgste Lüge ist Selbstverleugnung.

*15* Jemandem zu der *Selbstverleugnung*, mit der er sich für eine Sache einsetzte, zu gratulieren heißt, ihm ein äußerst zweifelhaftes Kompliment zollen!

*16* Ein anderer als ich möchte ich nur dann sein, wenn ich merke, daß ich nicht Ich bin: also wenn ich Ich sein möchte!

*17* Wenn ich mich nicht unter die Leute begebe, merkt niemand, daß ich allein bin. Nicht einmal ich selbst.

*18* Es gibt zweierlei Arten, auf die man sich die Nerven ruinieren kann: entweder man lebt die unorganische Lebensweise dieser Zeit mit – oder man stellt sich ihr entgegen.

*19* Wenn wir wagten, was wir wollen, dann wollten wir nicht, was wir wagen!

*20* Wer zur Gemeinheit nicht fähig ist, dessen Anständigkeit ist keine Tugend, sondern bloß ein mangelndes Laster – also eben ein Mangel.

*21* Ich würde mich gewisser Niederträchte nicht für fähig halten, würde ich mich nicht darauf ertappen, daß ich sie in anderen argwöhnen kann.

*22* Wo das Eingeständnis deiner Schwäche dir als Stärke angerechnet wird, dort wirst du geliebt!

*23* Ehe ich geliebt werden will, weil nicht verstanden, will ich gehaßt, weil verstanden werden.

*24* Das offene Eingestehen unserer Fehler wird allgemein für eine Tugend gehalten, für ein Zeichen der Selbsterkenntnis, die der erste Schritt zur Besserung sein soll. In Wirklichkeit ist es meistens eine mehr oder minder bewußte Technik der Sympathiewerbung und Bestechung, ein Pazifizierungsmittel für die Minderwertigkeitskomplexe unserer Mitmenschen, ein heimlich offerierter Handel: laß dich von der entwaffnenden Offenherzigkeit, mit der ich meine Blößen bloßstelle, entwaffnen, und ich werde dir auch meinerseits nicht auf die Achillesferse treten! Und tatsächlich haben die Leute, die ihre Fehler am bereitwilligsten zugeben, nur selten die Absicht, sie auch aufzugeben – im Gegenteil: dieses zuvorkommende Mängelbekennen geht gewöhnlich Hand in Hand mit Selbstzufriedenheit und Arroganz, mit dem Dünkel, daß die öffentliche Schaustellung von Unzulänglichkeiten alle vorhandenen oder eingebildeten Zulänglichkeiten nur betonen und umso sichtbarer herausstellen werde: eine falsche Demut, die einem echten Hochmut entstammt.

Jene starrköpfigen und unpopulären Gesellen aber, denen es schwerfällt, ihre Fehler einzusehen, finden es meist ebenso schwierig, sich mit den einmal erkannten abzufinden. Wem es wirklich um Selbstverbesserung zu tun ist, der spricht sich andern gegenüber nicht eher und leichter schuldig als sich selbst gegenüber; denn jeder Schuldspruch vor dem Tribunal des Ichs hat für solche unweigerlich die Verurteilung zu Zwangsarbeit zur Folge. –

*25* Ich kann manchmal dem Verlangen nicht widerstehen, jemanden in seinem Fehler noch zu bestärken, damit wenigstens sein Fehler etwas Vollkommenes an ihm sei – ein fehlerloser Fehler, sozusagen!

*26* Wenn deine Bartstoppeln zu lang sind, so bist du unrasiert; wenn sie aber noch länger sind, so bist du nicht mehr unrasiert, sondern trägst einen Bart. So werden manche unserer Fehler zu Tugenden, einfach indem sie wachsen.

*27* Größe ist Beharrlichkeit. Ein beharrlicher Fehler wird einmal zur Tugend, ein konsequenter Irrtum rührt an das Wesen der Wahrheit.

*28* Wenn ich schon konventionell sein müßte, so wäre ich lieber konventionell in meinen Tugenden als in meinen Lastern!

*29* Unlängst lud mich einer zu einem kleinen Gedankenaustausch ein. Daß das ein schlechter Handel für mich sein könnte, kam ihm in seiner Unschuld gar nicht in den Sinn.

*30* Die Theorie vom entscheidenden Einfluß des Milieus hat etwas für sich: meine Umgebung ist so hoffnungslos normal, daß sie mich verrückt macht!

*31* Noch mehr als die Leute, die meine Witze als meinen Ernst ansehen, können mich nur jene ärgern, die meinen Ernst für einen Witz halten!

*32* Mein Sinn für Humor hindert mich daran, öfter zu lachen, ebenso wie mein ästhetischer Sinn mir die Wahrnehmung von Schönheit zum seltenen Erlebnis macht. Nur die Geschmack- und Anspruchslosen leben in Hülle und Fülle.

*33* Ich kann Experten nicht leiden. Die werden immer gleich so expertinent mit mir!

*34* Was uns an den Großen mißfällt, ist, daß wir klein sind.

*35* Eine altruistische Handlung ist häufig die Folge des Umstands, daß man sich nicht gut als Wohltäter fühlen kann, ohne wohltätig zu sein.

*36* Manche hindern uns daran, ihnen etwas zu schenken, indem sie es von uns verlangen.

*37* Jeder Mensch besteht aus einer Verbindung von hart und weich, und die individuellen Unterschiede sind nicht allein Variationen der Proportion und Gradierung, sondern auch der lokalen Distribution: manche tragen ihre Härte *über* ihrer Weiche, andere unter ihr; manche entwickeln eine derbe Haut als schützende

Schale über einer breiigen Struktur, andere besitzen eine sensitive und verletzliche Oberflächenschichte, aber darunter verborgen einen granitharten, undurchdringlichen Kern.

*38* Es gibt eine römische Rechtsregel: res transit cum suo onere. Daran mußte ich denken, als der Arzt mir eine Ortsveränderung empfahl.

*39* Ich habe vor meiner Zukunft nur in dem Maße Angst, in dem meine Vergangenheit mich reut.

*40* Mancher macht seinen Weg, manchen macht sein Weg. Oder macht jeder den Weg, der ihn macht?

*41* Wir können aus uns nur machen, was wir aus uns zu machen gemacht sind.

*42* Wie schwierig es mitunter ist, nicht aus Opposition gegen den Charakter und die Gesinnung eines Ratgebers das Gegenteil dessen zu tun, was man selber will, wenn es zufällig mit dem Rat übereinstimmt...!

*43* Mein Streben nach freiem Willensentschluß war schon in meiner Kindheit so groß, daß ich eine Speise, die ich nicht mochte, selbst dann nicht aß, wenn man mir sie zu essen verbot.

*44* Den unbefriedigendsten Eindruck auf mich selbst mache ich immer, wenn ich mit Leuten beisammen bin, die gleicher Meinung mit mir sind, aber ungleicher Gesinnung. Man kann ihnen nicht widersprechen, und doch ist jede Zustimmung eine Lüge.

*45* Wenn einer mich überschätzt, so weiß ich, daß er mich bald unterschätzen wird. Schätzen wird und kann er mich nie. Wer das Maß hat, vermißt sich nicht.

*46* Mich schwindelt's mehr, wenn ich hinauf- als wenn ich hinunterschaue.

*47* Wir werden allein von dem angezogen (und wohl auch abgestoßen), was wir selbst sind und haben. Einem Buch, einem Gemälde, einem philosophischen System oder einem Menschen können wir daher auch nur entnehmen, was zumindest rudimentär in uns selbst existiert, und alle vermögen uns lediglich jene Töne zu entlocken, die im Schwingungsbereich unserer bereits vorhandenen Saiten gelegen sind.

*48* Applaus ist die Proklamierung des Verlangens – und daher der latenten Fähigkeit –, selbst zu erreichen, was der erreicht hat, dem man applaudiert. (Und Abscheu? Vielleicht ebensooft die Proklamation des Verlangens, das Verlangen nach dem Verabscheuten zu überwinden.)

*49* Starke Emotionen führen die Identität mit ihren Objekten herbei – selbst wenn sie Emotionen des Antagonismus und der Ablehnung sind. Wir können es nicht verhindern, daß wir, im Intensitätsgrad unseres Gefühls, werden, was wir lieben oder fürchten, bewundern oder hassen.

*50* Haß zerstört den Hasser, indem er ihn in das Gehaßte verwandelt. Wenn du haßt, so hegst du, wie die tiefsinnige Wendung lautet, einen Haß im Busen – und damit notwendigerweise auch das Objekt deines Hasses. Und je mehr der Haß in deinem Busen wächst, desto mehr nimmt auch der oder das Gehaßte in dir überhand und von dir Besitz, drängt dich aus dir hinaus, identifiziert dich mit sich – zerstört dich.

*51* Wer sein Recht nicht vertritt, setzt sich damit ins Unrecht: nicht allein vor den Augen der Welt, sondern vor dem Wesen des Rechts.

*52* Was der Radiergummi ausradiert, das radiert auch den Radiergummi aus.

*53* Du kannst das Gebot, deinen Nächsten zu lieben wie dich selbst, nicht erfüllen, wenn du dich selbst nicht liebst. Oder vielmehr, in diesem Fall ist es dir unmöglich, es *nicht* zu erfüllen: denn in dem Maße, in dem du dich selbst nicht liebst, kannst du auch deinen Nächsten nicht lieben. Und in dem Maße, in dem du dich selbst nicht liebst, wird es wieder dein Nächster schwer finden, dich zu lieben – denn die unliebenswertesten Menschen sind jene ohne Eigenliebe, jene, von denen in so bedeutungsvoller Reihenfolge gesagt wird, sie haßten *sich* und die Welt.

*54* Manchmal will man von jemandem nur darum nichts wissen, weil man nichts von ihm weiß.

*55* Wenn einer sich bemüht, mir angenehm zu sein, so ist er mir schon unangenehm. Wer mir angenehm ist, ist es noch in seiner Bemühung, mir auf die Nerven zu gehn!

*56* Jeder Mensch ist eine Sende- und Empfangsstation geheimnisvoller Wellen; und Verstehen und Mißverstehen, Sympathie, Antipathie, Indifferenz – kurz, alle wesensmäßigen Beziehungen werden von der Wellenlänge bestimmt, auf der wir einander treffen oder verfehlen.

*57* Das Leben spitzt mich zu wie der Bleistiftspitzer den Bleistift. Ich werde schärfer dabei, aber weniger.

*58* Meine sauern Trauben sind die Trauben, die ich erreichen kann.

## *IV. Er, Sie*

*1* Dem Mädchen, das auf dem Pfade der Tugend strauchelt, geschieht recht: warum hat sie ihn betreten?

*2* Im Kampf der Geschlechter erleidet der Mann gewöhnlich einen Sieg und das Weib gewinnt eine Niederlage: sie verteidigt sich so lange gegen ihn, bis er sie endlich angreift, und erst wenn er sie erobert hat, hat sie ihn besiegt.

*3* Für das Weib ist die Mode eine Funktion der Erotik. Für die Dame ist die Erotik eine Funktion der Mode.

*4* Damen erkennt man an der Dämlichkeit.

*5* Die Freudenmädchen werden ohne Zweifel so genannt zum Unterschied von den andern.

*6* Die erotische Wirkung kosmetischer Mittel geht nicht von diesen selbst aus, sondern von der in ihrem Gebrauch sich kundgebenden Geschlechtswilligkeit der Frau, die sie verwendet; der Reiz liegt nicht in der sinnlichen Wahrnehmbarkeit geschminkter Lippen, lackierter Fingernägel, Parfüms etc., sondern in der durch sie wahrnehmbaren Sinnlichkeit ihrer Trägerin. Denn kosmetische Raffinements sind nicht Manifestationen der Ästhetik, sondern Manifeste der Sexualität.

*7* Die Vorzüge einer Frau bestehen in einer intrikaten Mischung ihrer Fehler: fehlt ein Fehler, so ist die ganze Frau fehlerhaft.

*8* Beim Manne ergeben zwei Plus ein größeres Plus, und zwei Minus ein größeres Minus. Beim Weib heben zwei Plus einander auf, ergeben zwei Minus ein Plus, und drei Minus ein größeres Plus.

*9* Daß eine Frau schön ist, merkt man oft erst an ihrem Schönheitsfehler. Vollkommene Schönheit hebt sich selber auf: man nimmt sie hin, ohne ihrer gewahr zu werden.

*10* Ein Freund wollte mich über ihren Verlust trösten und zählte mir zu diesem Zweck alle ihre Fehler auf. Ich hörte ihn schweigend an. Dann sagte ich: „Du hast recht. Wenn sie alle diese Fehler nicht hätte, könnte ich sie vielleicht vergessen. Aber so...!“

*11* Arm in Arm gingen sie durch die Nacht. Im Schein einer Straßenlaterne sahen sie ihre beiden Schatten auf dem Pflaster. „Kosmisch!“ fühlte er. „ER und SIE wandeln durch die Nacht. Ewig. Gestern andere, morgen andere. Heute einen Schatten lang, eine Weltsekunde lang, sie und ich...“ Auch sie blickte gebannt auf das Bild. Ihre Augen weiteten sich entsetzt. „Gott“, sagte sie, „bin ich schon wieder zerrauft...!!“

*12* Den Geist aufgeben ist letal für den Mann, weit weniger gefährlich jedoch für das Weib. Denn in der Regel ist es nicht ihr Geist, den sie aufgibt, sondern der Geist des Mannes, der sie aufgegeben hat.

*13* Die Naturnähe des Weibes erweist sich unter anderm darin, daß es sich selbst in der Zivilisation das Recht auf Tränen (als „weibliches Attribut“) bewahrt hat. Denn Tränen sind natürliche Produkte eines gesunden seelischen Stoffwechsels, und das Mädchen, das ins Kino geht, um sich gründlich auszuweinen, folgt nur einem normalen guten Instinkt. Ein Mann jedoch weint nicht, wie schon jedem herzhaft drauflosheulenden Büblein eingetrichtert wird, und darum erkranken so viele erwachsene Männer an seelischer Verstopfung – an Hartseeligkeit, sozusagen.

*14* Das Weib läßt sich seine Mutterrolle nicht nehmen. So gibt es in der Geschichte eine ganze Anzahl von Männern von Welt, die von Damen der Halbwelt auf die Nachwelt gebracht wurden!

*15* Ein Mann mag einen andern um seine Frau beneiden, und eine Frau eine andere um ihren Mann. Aber die Frau beneidet die andere immer noch außerdem darum, daß diese von ihr um ihren Mann beneidet wird!

*16* Eine gewisse Art der intellektuellen Dummheit bei Frauen reicht in ihrer geschlechtslosen Instinktverlassenheit nicht hinan an jene spezifisch weibliche Dummheit, die sich zur spezifisch weiblichen Klugheit verhält wie primitive Geschlechtlichkeit zur kultivierten.

*17* Die Dummheit eines Mannes erkennt man an den Dingen, die er nicht versteht. Die Dummheit einer Frau an den Dingen, die sie verstehen kann.

*18* Ein Mann, der sich durch eine Frau vom rechten Weg abbringen läßt, hat Aussicht, auf den rechten Weg zu kommen.

*19* Wenn eine Frau einem Mann in die Augen schaut, so schaut sie sich in seinen Augen in den Spiegel. Und wenn sie sich in ihn verschaut, so verschaut sie sich in das Bild ihrer selbst, das seine Augen ihr wiedergeben. Und der Mann für sie, ihr Mann, ist derjenige, in dessen Augen sie sich am besten gefällt, in dessen Augen sie am vollkommensten ist, dem sie so aus den Augen schaut, wie sie sich selber sieht, der es ihr ermöglicht, so zu werden, wie sie in seinen Augen ist.

Ihn mag die Liebe blind machen, sie wird an der Liebe sehend, nämlich sich in ihm. (Die „Erbsünde"!)

Wenn er sie aber nicht mehr anschaut, dann verliert sie sich aus den Augen, aus seinen und daher aus ihren; wenn ihr der Spiegel zerbricht, zweifelt sie an ihrer Existenz. Sobald sie ein anderes Bild als das ihre in seinen Augen erblickt, gibt es nur eine Rettung für sie: einen Mann zu finden, in den, in dem sie sich schauen kann.

*20* Wenn sie nicht bei ihm ist, ist sie außer sich.

*21* Auch bei sogenannten Vernunftehen kommen die Gefühle meistens noch zu ihrem Recht – nämlich beim Auseinandergehen. Es ist, als nähmen sie – wie die Göttin Eris oder Dornröschens böse Fee – Rache dafür, daß man sie nicht rechtzeitig eingeladen hat.

*22* Die meisten Beziehungen zwischen Mann und Weib beginnen damit, daß sie sich belügen, und enden damit, daß sie einander die Wahrheit sagen.

*23* Wenn ein Mann einer Frau den Herrn zeigt, so tut er das gewöhnlich, weil er ihr den Mann nicht mehr zeigen kann!

*24* Sie flüchtete aus dem Zwang der Familienbande in die Freiheit der Ehefesseln.

*25* Rechte gehen vor Vorrechten. Darum kam es zur Frauenemanzipation.

*26* In einem Verhältnis dominiert der Anspruch auf Unterhaltung; in der Ehe der Unterhaltsanspruch.

*27* Das Fundament mancher guten Ehe bilden die gleichen Interesselosigkeiten der Gatten.

*28* Der A. und die B. haben geheiratet. Zu ihrer Rechtfertigung führen sie an, daß sie sich nun schon seit Jahren nicht kennen und einander auch ohne Worte mißverstehen.

*29* Die schönen Augen einer Frau mögen lügen; daß sie schön sind, ist ihre Wahrheit.

*30* Sie sah aus wie eine Oase. Aber sie war nur eine Fata morgana...

*31* „Das einzige, was ich von meinem Leben gehabt habe", sagte sie, als sie Bilanz machte, „war mein Vorleben!"

*32* Wenn eine Frau sagt, sie sei der Liebe überdrüssig, so meint sie, daß sie ihres Liebhabers überdrüssig ist.

*33* Ich halt's nicht aus – sie ist zu gut für mich! Die Eifersuchts-Szenen, mit denen sie mich verschont, dauern oft wochenlang, und wenn sie endlich aufhört, mir keine Vorwürfe zu machen, bin ich schon total zermürbt!

*34* Kein Mann kann so skrupellos in seinen Süchten sein wie eine Frau in ihren Eifersüchten.

*35* „Du" ist für sie ein besitzanzeigendes Fürwort.

*36* Wenn ein Mann beim Sprechen den Dativ mit dem Akkusativ verwechselt, so verkehre ich nicht mit ihm. Bei einer Frau kann auch dieser Fehler zum erotischen Reiz werden. Es kommt auf ihre Lippen an.

*37* Sie war nicht hübsch, aber sie gewann sehr, sobald sie den Mund zumachte.

*38* Sie ist, wenn du ihr etwas erklärst, so sehr damit beschäftigt, ein verständnisvolles Gesicht zu machen, daß sie gar nicht dazu kommt, deine Erklärung auch zu verstehen.

*39* Seine Worte drückten sich in ihrer Seele ab wie Tintenschrift auf einem Fließpapier.

*40* Wenn eine Frau über ihre Weltanschauung redet, so versteht sie darunter die Frage, ob und wie die Welt sie anschaut.

*41* Aus dem Handtäschcheninhalt einer Frau auf ihren Charakter zu schließen ist keine Kunst. Aber aus ihrem Charakter den Inhalt ihres Handtäschchens zu erraten – das ist Psychologie!

*42* Da sie keiner angreift, verteidigt sie sich gegen alle.

*43* Er sprach von ihr wie ein Blinder von der Farbe: so sehnsüchtig, so gläubig, so glühend, so zart...

*44* Titel für ihre Memoiren: *Von Fall zu Fall.*

*45* Daß man die Dinge auch durch Nichterledigung erledigen kann, haben die Weiber schon lange gewußt, bevor die Diplomaten drauf kamen.

*46* Er glaubte, er hätte sie übermannt. Er wußte nicht, daß sie ihn überweibt hatte.

*47* „Deine Liebe“, sagte sie zu ihm, „ist ansteckend. Ich fange an, mich selber zu lieben – und bemerke, daß ich dich mehr und mehr liebe... in dem Maße, in dem meine Eigenliebe wächst!“

*48* Sie sagte: „Man muß ihn kennen, um ihn zu lieben.“ Wahr. Aber mußte man ihn nicht auch lieben, um ihn zu kennen...?

*49* Der Tag, an dem ihr Wunsch endlich in Erfüllung ging und er aufhörte, andere Frauen anzuschauen, war auch der Tag, an dem er sie zum letzten Mal ansah.

*50* Sobald sie darauf kam, daß er sich mehr liebte als sie, reagierte sie folgerichtig: sie wurde auf ihn, der im Weg ihrer Liebe zu ihm stand, eifersüchtig.

*51* Sie zielte auf seine verwundbarste Stelle – und traf sich mitten ins Herz.

*52* Er und sie gingen nebeneinander: ein unscheinbarer Mensch neben einem scheinbaren.

*53* Nur wer in die Liebe verliebt ist, kann sich in einen Menschen verlieben. Denn die Liebe ruft den Geliebten ins Leben, nicht der Geliebte die Liebe.

*54* Ein lieber Mensch hat mit dem lieben Gott die Allgegenwart gemeinsam.

## V. Es

*1* Das Leben ist der Störer des großen Equilibriums, der Tod sein Wiederhersteller. Daß sich alle Bewegung – und Leben ist essentiell Bewegung – immer dem Stillstand zubewegt, ist symbolisch für den Todestrieb in der Natur. Das vollkommene Equilibrium, die Harmonie der Sphären, ist konsequenterweise nur in und infolge der Abwesenheit jeglichen Lebens denkbar.

*2* Unsere Zeit ist nicht so sehr durch Grausamkeit charakterisiert wie durch Unmenschlichkeit, durch Ent-menschung. Gefoltert wird verhältnismäßig selten aus lustbetontem oder haßgeborenem Sadismus, der ja noch immer ein persönliches (und daher menschliches) Motiv wäre, sondern die moderne Folter ist ein mechanisierter und taylorisierter Betrieb, in dem Emotionen irgendwelcher Art keinen Platz haben. Und die neuzeitlichen Folterknechte sind demgemäß avanciert zu Angestellten des (manchmal privaten, meist jedoch staatlich-politischen) Unternehmens, zu Beamten mit administrativen und exekutiven Pflichten und Wirkungskreisen. Sie sind jeder Verantwortung jenseits ihres genau umschriebenen Ressorts bar wie, konsequenterweise, jeglichen Schuldbewußtseins: sie sind Automaten der Tortur, Roboter der Zerstörung, Golems der Extermination. Sie bedienen Maschinen, deren Wirkung (z.B. Massentode in Gaskammern) nicht das Motiv ihrer Tätigkeit bildet, sondern lediglich deren Folge; sie schalten an Hebeln und drücken an Knöpfen, assistieren bei Experimenten an lebendigen Menschenleibern (mit vorherbestimmt letalem Ausgang), sie verdienen ihr tägliches Brot in Industrien, die der Züchtung tödlicher Bakterien gewidmet sind und der Herstellung von Wasserstoffbomben für den künftigen Atomkrieg aller gegen alle. Und das Unheimlichste daran ist, daß all dies ihre Individualität und ihre mageren Bestände an Menschlichkeit nicht einmal eliminiert, sondern lediglich suspendiert – bis nach Fabrik- bzw. Büroschluß, bis zu dem Heulen der Sirenen, die (vorläufig) nichts weiter verkünden, als daß nach des Tages Müh und Plage der Feierabend angebrochen ist; worauf sie, ohne ersichtliche Schwierigkeit des Übergangs, aus ihren Werkmentalitäten in ihre Privatcharaktere zurückschlüpfen und sich aus

Frankensteinen der Qualproduktion in durchschnittlich gutmütige Bürger, auf das Wohl der Ihren bedachte Familienväter, sentimentale Tier- und Kinderfreunde, ein Sexualleben führende, ins Kino gehende, sich vor dem Zahnarzt fürchtende, sich auf Leibspeisen freuende, des Mitleids fähige und den Geboten der Rücksicht nicht unzugängliche Nebenmenschen verwandeln. Sie sind Funktionäre des Funktionalismus, Symbiosen von Organismen und Organisation, in Entmenschung übergegangene, in Unmenschwerdung begriffene Menschen, durch Utilität dividierte Individuen, Schizophrene – dreiviertel Larve, einviertel fühlende Brust, Nixen im Stadium des Übergangs zu Fischen, Werkzeuge der Vernichtungsverrichtung, Produkte der progressiven Psychatrophie. Sie sind Symptome der emotionalen Ossifikation der Epoche, sie sind Bestandteile des Zerfalls, sie bedeuten, daß die Atomisierung der Atomisatoren begonnen hat.

*3* Der Ausdruck „unsere Zeit" kommt mir stark übertrieben vor. Viel angemessener wäre „unsere Frist"!

*4* Ein Altersunterschied von fünf Jahren spielt eine große Rolle bei Kindern, solange sie klein sind. Je älter sie werden, desto geringer wird die Spanne Zeit, die sie voneinander trennt. Mit dem Alter von Kulturen ist es ähnlich. Eine Distanz von fünfhundert Jahren schrumpft mehr und mehr perspektivisch zusammen, je länger der geschichtliche Rückblick auf sie wird: je weiter die Zukunft die Gegenwart von der Vergangenheit entfernt, desto enger rücken die Vergangenheiten zueinander, und je neuer die Zeit wird, desto näher kommen sich Neuzeit und Altertum.

*5* Das elektrische Licht ermöglicht es uns, die Finsternis zu überwinden – aber es betrügt uns auch um sie. Die grelle Lichtschminke unserer nächtlichen Großstädte ist sinnbildlich für eine Zivilisation, die ihre Untiefen mit Beleuchtung verflächigt, ihre Verblendung mit Blendwerk übertrumpft und das Firmament mit Schein verlöscht. Die Leute lieben die Helligkeit und fürchten die Dunkelheit, weil sie das Sehen lieben und sich vor dem Schauen fürchten. (Man kann die Sprache ruhig beim Doppelsinn nehmen: sie fürchten sich in der Finsternis – nämlich *sich*, ihr Ich, ihr Selbst, das ihnen da wie ein Gespenst vor ungeblendete Augen treten könnte.)

Die bedingte Reflexbewegung, mit der die Brauchbarkeit des elektrischen Lichtes ausgelöscht und die Unbrauchbarkeit der Dämmerung verjagt wird, ist eine symbolische Handlung; denn in der Dämmerung schweben die lichtempfindlichen Samen der Besinnlichkeit, und die erwachenden Schatten sind Wegweiser in die Tiefe. Die Glühbirnen aber tünchen Schein über die Schatten, verjagen das Zwielicht, in dem alles zwei Gesichter hat – machen uns die Finsternis unsichtbar. (Nicht jedoch auch uns der Finsternis, wie wir hoffnungsvoll wähnen mögen!) Sie werfen den untransparenten Schleier des Realismus über die Realitäten und verhindern mit Millionen leuchtender Trennungsstriche zwischen den Dingen der Außen- und der Innenwelt deren Verschmelzung und Erlösung ineinander.

*6* Es gibt eine harmonische Unordnung und eine geordnete Disharmonie. Das gilt für die Innenwelt nicht minder als für die Außenwelt. Ordnung kann man nach willkürlichen Grundsätzen herstellen und zerstören. Harmonie besteht – störbar, aber nicht zerstörbar – im Maße ihres Erkanntwerdens. Sie ist die Musik, die das Ohr Verdis im Straßenlärm vernahm.

*7* Es gibt eine leere und eine erfüllte Stille, eine stumme und eine schweigende, eine von Lärm ausgehöhlte, die gellend und öde anbricht, wenn er verhallt, und eine mählich gewachsene, wesenhafte, pulsierende, der man lauschen kann, die voll der Schwingungen ist, voll Harmonie, voll Wärme, voll Lebens.

*8* „Einen Sieg über die Natur erringen" ist eine hochmütig-törichte Phrase für: ein Naturgesetz verstehen und es, ihm gehorchend, anwenden lernen.

*9* Wenn ein Kalb über eine Großstadtstraße getrieben wird, so wirkt nicht die Straße, sondern das Tier unorganisch. Gleicherweise wirkt in einer abnormen Welt nicht der Narr, sondern der Gesunde abnormal.

*10* Unser privates Leben wird von dem Grundsatz beherrscht: das sagt man nicht, das tut man. Unser öffentliches von dem Grundsatz: das tut man nicht, das sagt man!

*11* Werte, die erfordern, daß man für sie stirbt, sind falsche Werte. Die wahren bestehen darin und dadurch, daß man für sie zu leben vermag – und zu leben hat. Sie sind nicht außerhalb unser zu finden, sondern allein in uns, und nur durch Selbstbewahrung zu bewahren. Selbstaufgabe zum Zweck abstrakter Werteförderung ist eine der hassenswertesten Lesebuchforderungen, mit denen die Jugend im Interesse des christlich-militaristischen Staates zu Büßern, Spießern und Soldaten herangezogen wird!

*12* Deutschland ist das einzige Land der Welt, in dem Knaben nicht zu Männern werden, sondern zu Mannen.

*13* Die öffentliche Feierlichkeitsheuchelei gegenüber den verwundeten oder toten Soldaten einer Nation ist eine widerwärtige Erscheinungsform der Halbschlächtigkeit (also Ganzschlechtigkeit) unserer atavistisch-propagandistischen Rituale. Wenn die zum Heldentum Erkorenen nicht einrücken wollen, so sperrt man sie ein. Wenn sie, zwangsweise einrückend gemacht, nicht kämpfen wollen, so stellt man die Feiglinge vor Kriegsgerichte und erschießt sie. Wenn sie, angesichts dieser Drohung, das Risiko des Schlachtfelds auf sich nehmen und das Glück haben, ohne äußerliche Beschädigung in die Heimat zurückzukehren, so schert man sich nicht weiter um sie. Kommen sie als Krüppel zurück, so danken ihnen diverse Würdenträger der (siegreichen) Nation bisweilen für die Opfer, die sie so freudig und so offensichtlich für ihr Vaterland gebracht haben, und belohnen sie – noch über jene Worte der Anerkennung hinaus – mit Tapferkeitsmedaillen. (Denn nur die Mutigen werden bekanntlich von Feindeskugeln getroffen.) Sollten sie aber das Pech haben, totgeschossen worden zu sein und daher der Feier ihrer Opferbereitschaft entweder gar nicht oder doch nur in Särgen beiwohnen zu können – dann nennt man sie in umso lauteren Brusttönen Helden, da sie ja nun die Zeremonie keinesfalls mehr durch eventuelle Äußerungen falscher Bescheidenheit oder gar durch direkten Widerspruch zu stören vermögen. Ohne sich daher in Haarspaltereien einzulassen, wie zum Beispiel die Unterscheidung zwischen willigen und unwilligen Helden, steckt man ihnen samt und sonders noch schnell vor dem Begrabenwerden Orden an die atemlosen Heldenbrüste – unter den, wie man hofft, neidischen Augen einer zum Tod fürs Vaterland erst heranreifenden Generation, die sich ein hehres Beispiel nehmen kann.

Und all das, während zweifellos viele der Teilnehmer an der kitschig-barbarischen Zeremonie das bessere Wissen in sich tragen, daß man sein Leben nur dann fürs Vaterland opfern sollte, wenn man schon ganz und gar nichts Besseres damit anzufangen weiß – oder wenn man sich der Darbringung des Opfers weder durch List noch Gewalt erfolgreicher entziehen kann als nachher seiner Feier!

*14* Die Bereitschaft, sein Selbst für eine Sache zu opfern, entstammt häufiger einer Geringschätzung des Selbst als einer Hochschätzung der Sache. Hier manifestiert sich das Walten des Todestriebes im Heldenkostüm.

*15* Hinter Todesgier steht Lebensangst, ebenso wie hinter Lebensgier Todesangst steht!

*16* Die Willigkeit der Lebensaufgabe ist meistens die Folge des Fehlens einer Lebensaufgabe.

*17* Wenn man mit der Innenpolitik nicht weiter kann, probiert mans halt mit der Außenpolitik. Und wenn man den Leuten schon nicht sagen kann, wovon sie leben sollen, so sagt man ihnen doch wenigstens, wofür sie sterben müssen.

*18* Ein Krieg entsteht, wenn eine Nation ihr Vaterland gegen eine Nation verteidigt, die ihr Vaterland gegen jene verteidigt.

*19* Zuerst war der totale Staatsbürger da, und dann erst der totale Staat. Der Glaube an die umgekehrte Reihenfolge ist Selbsttäuschung.

*20* Alles Unheil der Welt begann mit dem Gedanken, der Mensch sei kein Ganzes, sondern nur ein Teil; mit dem Versuch, das Individuum durch irgend etwas – Staat, Volk, Klasse, Rasse, Religion etc. – zu dividieren.

*21* Es ist die Tragik der Toleranz, daß es in ihrem Wesen liegt, auch die Intoleranz tolerieren zu müssen.

*22* Wenn an den Abortwänden die obszönen Inschriften durch politische verdrängt werden, dann weiß man, daß man sich in einer Periode des moralischen Verfalls befindet und einem Ende mit Schrecken entgegensieht!

*23* Es gibt Dinge, deren Wirklichkeit viel unwahrscheinlicher anmutet als deren Möglichkeit.

*24* Wie der menschliche Körper, so verzehrt auch die menschliche Seele sich selbst, wenn man sie zu lange darben läßt.

*25* Mit Grund glücklich sein kann man überall. Aber nur wo man grundlos glücklich sein kann, dort ist Heimat!

*26* Die Sonne hat schon alles unter der Sonne gesehen – nur nicht die Nacht.

*27* An manchen Tagen erscheint mir die Erde wie eine Decke über dem Massengrab der Geschichte, die in verschiedenen Stadien der Verwesung darunter begraben liegt.

*28* Ein persönliches Mißgeschick hat die Tendenz, sich auf unserer Weltanschauung auszubreiten wie ein Tintenklecks auf einem Löschpapier. Bald sieht das gesamte Universum tintig aus, die Erde wird zum Jammertal, und der Menschheit ganzer Jammer greift uns an, wenn's uns zum Jammern ist.

*29* Das spezifische Gewicht eines eigenen Schmerzes ist stets um ein Vielfaches größer als das einer beliebigen Anzahl fremder Leiden; und da der eigene Schmerz immer auch ein beträchtliches Volumen besitzt, so okkupiert er in der Regel auch die niedlichen Gastkammern, die in der Brust guter Menschen für die Sorgen ihrer Nebenmenschen reserviert sind. Der Unglückliche, mit andern Worten, ist gewöhnlich so sehr mit seinem eigenen Unglück beschäftigt, daß er für das Unglück seiner Mitmenschen nichts übrig hat; „ich habe meine eigenen Sorgen!" ist seine Lieblingsphrase.

Ganz anders ein glückliches Gemüt. Selbst von Leiden verschont, zeigt es lebhaftes Interesse für die Leiden der andern, findet sie jedoch meist von den betreffenden Betroffenen stark übertrieben. Dennoch geht es mit Beflissenheit daran, sie so schnell wie möglich zu lindern, denn es fühlt seinen lustvollen Zustand der Unbeschwertheit durch sie bedroht; auf allen Seiten lauert sozusagen wohnungssuchendes Unglück, das in den ihm zur Verfügung stehenden Brüsten nicht Platz genug hat und nun darauf aus ist, in fremde Herzenskammern einzudringen und sich dort breitzumachen. Und weil der Glückliche einerseits nichts mehr fürchtet als ein solches Okkupiertwerden, anderseits aber, schwerelos wie er ist, kraft eines geheimen Naturgesetzes von allem Schweren magnetisch angezogen wird und stets in Gefahr schwebt, von ihm amalgamiert zu werden, so ist er ständig darauf bedacht, sich loszukaufen und die bösen Mächte zu versöhnen; er ist dementsprechend freigebig, hilfsbereit, menschenfreundlich – kurz, er läßt sich die Erhaltung seines Wohlbefindens etwas kosten.

Darum sind zum Beispiel Verliebte, die am liebsten die ganze Welt umarmen würden, die besten Kunden der Bettler.

*30* Ein Widerspruch entsteht, wenn man die nämliche Sache in einem andern Licht betrachtet.

*31* Von gut unterrichteter ethischer Seite erfahre ich, daß das höchste Glück des Menschen in der Beglückung seiner Mitmenschen bestehe. Gibt es ein offenherzigeres und naiver egoistisches Motiv fürs Altruistischsein? Und ist es nicht wahrscheinlich, daß ähnliche Selbstsüchte hinter den meisten Selbstverleugnungen stecken, und ähnliche Selbstbefriedigungen hinter den meisten Selbstentsagungen?

*32* Es ist die Lust jeden Glücks, Geheimnis zu sein. Es ist die Lust jeden Geheimnisses, sich zu offenbaren. Daher ist es die Lust jeden Glücks, sich selbst zu zerstören.

*33* Mitleid und Schadenfreude sind siamesische Zwillinge.

*34* Der Zustand des Seins, die absolute Beschaffenheit, ist unserem Wahrnehmungsvermögen entzogen. Erkennen können wir die Dinge nur in ihren Wandlungen – ihrem Beginn, ihren Beziehungen, ihrem Ende. Das Statische ist unsichtbar, erst die Pausen machen den Lärm. Ein pausenloses monotones Geräusch ist wie Stille – die ihrerseits erst durch Unterbrechung hörbar wird.

*35* Unsere Augen stellen das Licht bei, in dem wir die Dinge sehen. Sobald sie jemand anderer gemeinsam mit uns ansieht, verändert sich ihr Aussehen – ihr Augenschein: wir sehen sie, wie wir richtig sagen, in einem andern Licht – nämlich dem, das von den zuzüglichen Augen verbreitet wird. Ob nun freilich dieses Mit-andern-Augen-Sehen den Effekt haben werde, uns den Anblick der Außenwelt – also unsern Ausblick auf sie – komplexer erscheinen zu lassen, oder zwielichtiger; ob es uns

Menschen und Dinge in den Brennpunkt ihrer Realität rücken werde, oder sie ihm entfernen; ob wir uns – um ein tiefes Wort zu gebrauchen – nun ein besseres Bild von ihnen werden machen können, oder ein noch verschwommeneres: das hängt von der weltanschaulichen Kompatibilität der die Welt anschauenden Komplementäraugen ab, ist also eine Frage der optischen Alchemie...

*36* Das Verbrechen folgt der Strafe gewöhnlich auf dem Fuß. Denn die Strafe ist ein Verbrechen, das sich mit seiner Funktion der Verbrechensvergeltung zu rechtfertigen sucht. Und das folgende Verbrechen ist dann wiederum die Rache für die Strafe, gefolgt von der Strafe für die Rache – ad infinitum.

*37* Als das Beste an dem Symbol der Justitia erscheint mir ihr Göttinsein – ihre Übermenschlichkeit. Ebendarum sollte sie jedoch der Sinnbilder der Binde vor ihren Augen und der Waage in der Hand entraten können. Denn diese Wahrzeichen sind menschliche Krücken, Manifestationen der objektiv-mechanistischen Auffassung der Gerechtigkeit, die sich praktisch so häufig als krasse Ungerechtigkeit auswirkt. Die Binde vor den Augen, die „ohne Ansehung der Person" bedeutet, bedeutet nämlich ebendarum auch: ohne Anschauung von der Person, ohne Einblick und Einsicht in sie – ohne Verständnis. Und die Waage, das Symbol des Ausgleichs und der Proportion, der Balance von gut und böse, ist zugleich das Symbol der qualitativ und quantitativ gleichen Vergeltung: Auge um Auge, Zahn um Zahn. Gerechtigkeit aber ist mehr als Vergeltung – oder weniger; rächt nicht Vergehen mit Strafe, sondern tilgt Schuld durch Buße; sucht nicht nach der gleichwertigen Sühne, sondern nach der relativ *angemessenen*: mit Anschauung der Person.

Ich stelle mir eine Statue der Justitia vor, die weit offene und durchdringende Augen hat und anstatt der Waage einen Regenbogen in Händen hält – das Symbol der Vielfärbigkeit, der Leiter ins Licht, der Verbindung und Versöhnung des Menschen mit Gott.

*38* Macht geht vor Recht – damit könnte man sich zur Not noch abfinden. Aber daß das Recht auch hinter der Macht geht – das ist traurig!

*39* Das Recht bedarf des Gesetzes und das Gesetz der Sanktion: ein tragisches Zugeständnis der Ethik an die Moral! Denn das Wesen des Rechts als einer ethischen Kategorie ist es gerade, daß es sanktionslos sein müßte. Belohnung und Strafe sind, philosophisch gesehen, ebensosehr die Todfeinde der Gerechtigkeit wie Himmel und Hölle die Antithesen jeglicher wahren Religion.

*40* Strafe: normierte Rache.

*41* Daß die Unkenntnis eines Vergehens nicht vor Strafe schützt, ist gerecht in den Fällen, in denen das Vergehen eben die Unkenntnis ist. Ich denke dabei besonders an die Kindererziehung.

*42* Nichts in der Welt hat so viele schlechte Taten auf dem Gewissen wie: gute Absichten.

*43* Mutterliebe: allzuoft Liebhabgier.

*44* Mutterliebe ist natürlicher als Kindesliebe. Denn für die Mutter ist das Kind ein Stück ihrer selbst, d.h. sie liebt sich in ihm: eine transzendentale Nabelschnur ist für sie niemals durchschnitten. Das lebensfähige Kind aber erweist schon im Geburtsakt das Streben nach Loslösung, nach Freiwerden, nach dem Verlassen des Gefäßes, darin es wurde: die Eigenliebe des Kindes entfernt es von der Mutter, die Eigenliebe der Mutter verbindet es mit ihr.

*45* Sobald es der Verständigung bedarf, beginnen die Mißverständnisse. Der erste Schrei des Neugeborenen schon stellt die

Mutter vor die Frage: Was tut ihm weh? Bisher wußte sie es noch: es tat *ihr* weh!

*46* Abschiedsschmerz ist in vielen Fällen nur die plötzlich ausbrechende Reue über die schlecht genutzte Zeit des vergangenen Beisammenseins. (Vielleicht gilt dies auch für den Lebensabschieds-Schmerz...?)

*47* Ein maschingeschriebener Privatbrief ist wie eine zum Gruß dargebotene Hand in einem Handschuh.

*48* Das trostloseste Heimweh ist das in der Heimat.

*49* Die Durchschnittskonversation wird durch Unterbrechungen aufrechterhalten. Diese bilden – weit davon entfernt, die Unterhaltung zu retardieren oder gar ins Stocken zu bringen – den eigentlichen Betriebsstoff, der sie im Leerlauf erhält und mit Material versorgt. Assoziationen werden abortiv geboren, vermehren sich, protozoengleich, durch Spaltung, und eine Nichtigkeit wäscht die andere. Die Konversationspartner jedoch, die ihr geselliges Leben mit den Worten fristen, die sie einander aus dem Mund nehmen, sichern auf diese Art sowohl sich wie einander gegen die Wahrnehmung, daß sie nichts zu sagen haben – und können sich gleichzeitig, indem sie niemandem zuhören, dafür revanchieren, daß ihnen von niemandem zugehört wird. Doch (so höre ich die Fachmänner rufen) warum so emphatisch über eine Sache reden, die ja doch bloß phatischen Zwecken dient...?!

*50* Die Geschichte der Mode ist eine Illustration der Veränderungen, die der Mensch im Lauf der Jahrtausende am menschlichen Körper vorgenommen hätte, wäre ihm dies physisch möglich gewesen. Denn Mieder, Krinoline, Schnabelschuhe, Schminke usw., von Tätowierung und noch einschneidenderen Eingriffen primitiver Völker gar nicht zu reden, sind doch nur die äußerlichen Surrogate für unerfüllbare Wünsche, Notbehelfe zur Erzeugung der Illusion erreichter Schönheitsideale (d.h. der jeweiligen Ideale sexueller Attraktivität) – kurz, Symptome der Unzufriedenheit des Menschen mit dem monotonen Ebenbild seines Schöpfers.

*51* Ein schönes Gesicht sieht sich immer ähnlich. Ein hübsches sieht sich immer gleich. (Und ein häßliches? das kommt drauf an. Es gibt nämlich auch eine schöne und eine hübsche Häßlichkeit!)

*52* Wenn die Leute von „widernatürlichen Akten“ sprechen, so besteht da wohl immer die Möglichkeit, daß ihre Maßstäbe, und nicht jene Akte, sich der Natur entfremdet haben. Die Moral kann zwar das menschliche Verhalten in ein „schickliches“ und ein „unschickliches“ einteilen, niemals aber die Natur in eine „natürliche“ und eine „widernatürliche“!

*53* Manche mit dem Segens- und Legitimitätsstempel der Kirche und Gesellschaft versehene Ehe ist, den Partnern bewußt oder unbewußt, eine höchst unorthodoxe, illegitime, ja sogar „perverse“ Affäre. Indem nämlich mancher Mann eine homosexuelle Attraktion zu der Maskulinität in seiner Frau fühlt und manches Weib von der femininen Wesenskomponente ihres Gatten lesbisch angezogen wird. Wenn dann, nebst dieser Liebe ihres Selbst im andern, die Gatten noch narzißtisch in sich selbst verliebt sind, so kann man mit Recht von einer guten Ehe sprechen, die auch ohne kirchliche Gebote und Verbote Aussicht auf Harmonie und Dauer hat!

*54* Homosexualität: die Liebe des Ich im Du.
Heterosexualität: die Liebe des Du im Ich.

*55* In der Sexualität manifestiert sich das Prinzip des Lebens. Und in allem, was sie hindert, einschränkt, modifiziert, also vor allem in der Moral, manifestiert sich das Prinzip des Todes.

*56* Von Philosophie und Kunst abgesehen, scheint alles, insbesondere aber alles Moralische, seine Wertigkeit aus seiner Nützlichkeit zu beziehen und lediglich das Unvermeidliche jenseits von gut und böse zu stehen. Wäre zum Beispiel die sexuelle Abstinenz mit ebensolchen Gefahren für Leib und Leben verbunden wie die Nichtaufnahme von Nahrung, dann wäre ohne Zweifel auch der Sexualakt ebenso moralisch neutral wie das Essen. Um des Vergnügens willen ist der Geschlechtsverkehr natürlich sein Selbstzweck und daher gesellschaftlich nutzlos – also unmoralisch. Als Mittel zur Fortpflanzung ist er hingegen sozial nützlich, was zur Folge hat, daß er von seinem Zweck prompt geheiligt wird: der eheliche Geschlechtsverkehr – und, eine augenfällige Probe auf Exempel, in eroberungslüsternen Diktaturen sogar der auf Bevölkerungsvermehrung zielende uneheliche – wird zur moralischen, ja moralisch gebotenen Handlung – zur ehelichen Pflicht – und die ihn begleitende Lust, also etwas Inutiles und folglich öffentliches Ärgernis Erregendes, wird um des Gemeinnutzens willen nolens volens mit in den Kauf genommen.

*57* Nebst kanonenfutterhungrigen Führern, Duces und Generalissimos vertritt vor allem die katholische Kirche die schon seit Malthus diskreditierte These von der sozialen Erwünschtheit bzw. heiligen Gebotenheit einer unregulierten Bevölkerungvermehrung und der moralischen Schändlichkeit der Geburtenkontrolle. Denn Geburtenkontrolle bedeutet Geschlechtsverkehr nicht um des Kinderkriegens, sondern ganz im Gegenteil, um des Vergnügens willen – also Sünde. Die Kirche fühlt jedoch noch den weiteren Drang, das Verbot der Schwangerschaftsverhütung durch das Gebot der Lustverhütung zu komplementieren – eine Aufgabe, deren sie sich vermittels eines genialen psychologischen Tricks entledigt: der Proklamierung des ehelichen Beischlafes zur ehelichen Pflicht! Indem sie solcherart die Sünde legitimiert, also entsündigt, nimmt sie ihr alle Lockung und Süßigkeit; und indem sie darüber hinaus fordert, was sie nicht zu verhindern vermag, gedenkt sie, den ihr Gehorsamen ihre eigene aufmerksame Allgegenwart während der geheiligten Handlung vor Augen zu führen und jene, die nunmehr den Reglements der Obrigkeit unterworfen sind und sich von Geschlechtsverkehrspolizisten im Priestergewand beobachtet wissen, ebendadurch von etwaigen Genüssen, positionalen Deviationen und sonstigen vergnüglichen Irregularitäten abzuschrecken. Generell verbieten und erfolgreich verhindern – das sieht auch die Kirche ein – läßt sich die Sexualität, der unmoralischen Natur der Natur zufolge, nun einmal nicht; sobald es aber gelingt, den sexuellen Akt zu einem kirchlichen Ritual im Dienste der Familienerhaltung zu machen, ist es auch schon gelungen, ihn gegen die Lust zu immunisieren: quod erat demonstrandum.

*58* Dem Christentum wurde der Körper zu einem Fremdkörper der Seele.

*59* Welch ein erfrischendes Gebot ist dieses „Liebe deinen Nächsten wie dich selbst!" in seiner unbefangenen Voraussetzung, daß jeder vor allem sich selbst liebe. Erst das Christentum machte eine Sünde aus der Selbstliebe und eine Tugend aus dem Selbsthaß, der Selbsterniedrigung und Selbstentsagung, der Geißelung des Ich als des Gefäßes allen Übels; erst die Kirche machte die Unwürdigkeit des Menschen zum herrschenden Prinzip – dem Prinzip nämlich, wonach sie herrscht!

*60* Das Wesen der Freude besteht in der Vorfreude, in der Erwartung weiterer Freuden. Darum ist jeder letzte Genuß stets eine leise Enttäuschung: post coitum omne animal triste. Darum auch hat für den Puritaner alles Erotische einen so unausschöpflichen Reiz, denn da ihm selbst im Unscheinbarsten die Sünde in all ihrer listigen Lockung, in all ihren Möglichkeiten und Weiterungen begegnet, da er stets der Gefahr eingedenk ist, die dem droht, der dem Teufel bloß den kleinen Finger reicht, da er sich ständig von tausend Verführungen bedrängt fühlt und von tausend Fallen umstellt, so registrieren seine nimmer endenden Gewissensbisse lediglich die erotische Hochspannung, in der er lebt: sein permanentes Schuldgefühl ist der Barometer seiner heimlichen Wünsche und Wonnen. Ungeachtet seiner gegenteiligen Behauptung kennt gerade der Pietist keine unschuldigen Freuden (ja, diese Wortverbindung selbst erscheint ihm als eine contradictio in adjecto), denn Freude an sich ist Schuld, und Schuld perverse Freude. Der verstohlene Anblick einer Frauenwade ist ihm eine sündige

Verheißung, an der seine Phantasie sich zur Potenz erhebt – während anderseits dem Immoralisten das selbstverständliche und gleichgültige Zu-allem-Bereitsein der Prostituierten die Lustwurzel zieht: was er bekommt, ist alles und sonst nichts... c'est tout, mon petit... that's all, kid, there ain't no more...! Die Ausschweifungen des Libertins sind denn auch nur seine Suche nach jenen Steigerungen des Genusses im Verpönten, die der Philister bereits im Verbotenen erlebt, in dem süßen Schuld- und Vorschuldgefühl seiner Sündigkeit. Die Orgien der Lebewelt stellen in vieler Hinsicht die Jagd nach dem Gewissensbiß dar.

*61* *Der Masochist.* In seiner Sehnsucht, den Lustgewinn des Gezüchtigtwerdens aus der Schmerzsensation des Schuldgefühls zu beziehen, zieht er aus dem Schmerzgewinn des Gezüchtigtwerdens die Lustsensation des Schuldgefühls.

*62* Askese sowohl wie Ausschweifung mögen beide oft weniger die Manifestationen subjektiver Moralität bzw. Unmoralität sein als symbolische Protesthandlungen gegen die Erfordernisse und Beschränkungen der physischen Natur, Emanzipationsbestrebungen des Willens gegenüber der Despotie der Materie, die Hilfe, die der Sportsgeist dem Geist leistet, um dessen Primat zu etablieren und den Leib ihm untertan, gefällig und dienstbar zu machen.

*63* Es gibt im wesentlichen bloß zwei Typen von Ausschweifungen: solche, die Sensationssteigerung, und solche, die Sensationsminderung anstreben. Jene sind Manifestationen des Lebenstriebes, diese des Todeswunsches.

*64* Begierde ist der Störer des Equilibriums Glück. Der Mangel an Begehren hingegen ist negatives Ungleichgewicht, Untergleichgewicht, ein Vitalitätsmanko, ein Lebenslustdefizit. Der einzige Augenblick kompletter Erfüllung, wunschloser Wonne, serener Heiterkeit ist der Augenblick nach dem Orgasmus, die Sekunde des gestillten Begehrens und suspendierten

Wünschens, des Waffenstillstands, der sich wie Friede anfühlt, des Ausgleichs von Schmerz und Freude – des Nirwanas. Denn Nirwana ist nicht dasselbe wie die stoisch-christliche Abtötung des Verlangens, die ein Minus produziert, sondern die Vereinigung, die Kopulation von Plus und Minus, deren Verschmelzung und Aufhebung in verewigter Balance. Nirwana ist die Verlängerung ad infinitum der Equilibriumssekunde, die Eliminierung des Unterschiedes zwischen Leben und Tod, die Schwebe, die Loslösung, die Erlösung von Sein und Nichtsein im Akkord, im Einklang, in der Harmonie.

*65* Dem Konversationslexikon zufolge ist das Nirwana „die Vereinigung mit dem Nichts, der Zustand höchster Glückseligkeit". Wer sich aber mit dem Nichts vereinigt, muß wohl zu nichts werden, wonach es einen Zustand höchster Glückseligkeit (an sich ein Etwas) ohne einen Glückseligen gäbe. Da ebendies jedoch nicht möglich scheint, so ist entweder das Nirwana nicht die Vereinigung mit dem Nichts, oder diese nicht der Zustand höchster Glückseligkeit, oder dieser etwas bloß Denkbares, aber nicht Erlebbares.

*66* Es bedurfte Freuds kühlen Mutes und Gleichmuts, um Psychologen und Psychiatern die Augen zu öffnen für den Kausalnexus zwischen Sexualnot und Neurose. Und dennoch, trotz ihrem heutigen besseren Wissen, weigern sich unsere Seelenärzte, die letzten praktischen Konsequenzen aus ihren Einsichten zu ziehen. So enge sind sie den Mores und Tabus unserer Gesellschaft verbunden, so sehr sind sie ein Teil ebenjener Mächte, welche die Verantwortung für das beängstigende Anwachsen von Geistesstörungen in unserer Zivilisation tragen, daß sie es zum Beispiel zufrieden sind, den Geschlechtstrieb der Insassen von Nervenheilanstalten mittels in die Speisen gemischter Drogen und „Sedative" „unter Kontrolle" zu halten, aber vor der therapeutischen Aufgabe, für einen geregelten Geschlechtsverkehr der – unter Umständen zu sterilisierenden – Patienten Vorsorge zu treffen, mit Schrecken zurückscheuen. Und doch wissen sie genau, daß sie es auf diese Weise der Natur selbst ermöglichen würden, ihre aller ärztlichen Kunst überlegene heilende und restaurierende Rolle zu spielen. Aber dies ist eben nicht einer jener dringlichen Fälle der Kollision von Moral und Not-wendigkeit, in denen stets die Moral weicht – siehe den Fall der straflosen Tötung in Notwehr! Oder sollte erzwungene sexuelle Enthaltsamkeit eine Zusatzstrafe sein für das Verbrechen geistiger Erkrankung? Wenn sogar „normale" Individuen im Laufe einer erzwungenen geschlechtlichen Abstinenz neurotische Symptome und perverse Substitutionstendenzen entwickeln – wie zum Beispiel die Insassen von Zuchthäusern –, um wieviel ungünstiger wird die zwangsweise Unterbindung eines natürlichen Bedürfnisses auf den Zustand bereits emotional derangierter Personen einwirken müssen!

Wie wohl die Psychiater sich dieses Sachverhalts bewußt sind, bezeugen die „Bälle" und ähnlichen gesellschaftlichen Veranstaltungen, mit denen sie die strikte Separation der Geschlechter für gewisse Kategorien von Patienten periodisch unterbrechen. Aber über diese symbolischen Zugeständnisse an ihre Einsicht hinauszugehen wagen sie eben doch nicht. Stets gerne bereit, den hilflosen Opfern einer instinktverlassenen und heuchlerischen Gesellschaft elektrische Schockbehandlungen zu geben, sind sie jedoch keineswegs geneigt, dieser Gesellschaft selbst den moralischen Schock zu verabfolgen, der ihr die Augen für den wahren Sitz des Übels öffnen würde – und damit für ihre Schuld!

*67* Die Erbsünde der Menschheit ist deren Glaube an eine Erbsünde der Menschheit.

*68* Nicht, daß Adam und Eva sich ihrer Nacktheit bewußt wurden, sondern daß sie sie für sündhaft hielten und sich ihrer schämten; nicht, daß sie ihre Tiernatur erkannten, ihre Tiertriebe und Tierinstinkte, sondern daß sie sie verleugneten und verdrängten; nicht, daß sie ihrer selbst gewahr wurden, sondern daß sie sich nicht wahrhaben wollten – daß sie sich aus ihrer Ganzheit in eine Teilheit, aus ihrer Einheit in eine Zweiheit, nämlich in gut und böse, spalteten und diese Spaltung ins Universum projizierten, mit einem guten Gott oben und einem bösen Gott unten: *das* war ihre sich forterbende Sünde. Indem der Mensch vorgab, einer neuen Gattung anzugehören, anstatt zuzugeben, daß er lediglich ein höher entwickeltes Exemplar der alten war – indem er durch seine verfolgbare Geschichte hindurch den Versuch machte, sich dem Rest der Schöpfung und sich selbst zu entheben, überhob er sich: doch nur, um sich, stets von neuem, gleich darauf im Gras sein altes Liedchen singen zu hören! Denn Adam und Eva waren eben nicht die ersten Menschen – nur die (vorläufig) letzten Tiere...

*69* Die Erbsünde der Selbstüberhebung durch Selbstverleugnung – der Hochmut, der vor dem Sündenfall ging – erbte sich fort, unbeschadet der falschen Demut der Kirchendiener, und wurde zur Ursache der Glorie und Tragik des Menschen. Undank ihm wurde der Mensch ein Erfolg und ein Versager, tauschte er mechanischen Fortschritt gegen Neurose ein, gewann die Welt und verlor seine Seele. Da es ihm niemals auf die Dauer gelang, seinen eigenen instinktvergessenen Werten, Moral genannt, nachzuleben, so vertiefte sich ständig sein innerer Konflikt zwischen Wollen und Sollen und ließ ihn durch die Jahrtausende hindurch hilflos und konfus zwischen Stolz und Schuld, Größenwahn und Inferioritätskomplex, Himmel und Hölle hin und her pendeln. Von dem Tag an, da er vom Baume der Selbsterkenntnis gegessen hatte, leugnete, verfälschte, unterdrückte der homo sapiens die gewonnene Erkenntnis seiner selbst, und seit jenem Tag ist er auf der Flucht: aus seines Nichts durchbohrendem Gefühl in den billigen Wahn des Heils und Hosiannas in einer andern bessern Welt. Seither die tragische Schizophrenie, das Bedürfnis, Schuldgefühle durch Aggression nach außen abzureagieren, seither die paranoischen Angst- und Haßorgien der Massen, seither Gewalttätigkeitssucht, Rachsucht, Verfolgungssucht, Kriegssucht, der ständige Kampf der Menschen gegeneinander, der in Wahrheit der ständige Kampf des Menschen gegen sich selbst ist: gegen die Urschuld der Urlüge, die in extrovertierter Selbstzerstörungswut ans Licht kommt. Denn tief in uns allen sitzt der Wissenswurm – der Wurm des Wissens, daß die Unterdrückung und Defamierung unserer Natürlichkeit jene Erzsünde wider die Natur war, die diese selbsterschaffene, selbstmißschaffene Welt, in der wir leben, ins Leben rief.

Und eine Wendung kann erst eintreten, sobald es dem Menschen entweder gelingen wird, sich selbst und alle seine Werke zu atomisieren – oder sofern er aufhören wird, sich über sich zu belügen und den Priestern, die ihm die Erbsünde weitervererben, Glauben zu schenken; sobald er anfangen wird, endlich seinen Instinkten zu lauschen und zu vertrauen, und sie an Stelle des „Beherrschens" verstehen und verwerten zu lernen.

*70* *Dem homo sapiens ins Abstammbuch geschrieben*: Mach dich nicht so groß – du bist nicht so klein!

*71* In der Zivilisation wird der Selbsterhaltungstrieb zum Gelderhaltungstrieb.

## *VI. Sein und Werden*

*1* Werden: seiend dem Nichtsein zureifen.

*2* Fio – ergo sum.

*3* Nur der kann etwas werden, der etwas ist. Nur der ist etwas, der etwas werden kann.

*4* „Anders werden“ ist der Feind des Werdens; denn „werden“ heißt: immer intensiver sein, was man ist; „anders werden“ meistens nur: auf andere Art nichts sein.

*5* Ich glaube nicht daran, daß ein Mensch sich in seinem Wesen ändert. „Wandlungen“ sind wahrscheinlich bloß Stationen auf dem Weg und den Umwegen zum Selbst, und gerade Konversionen ins Gegenteil oft Zeichen des Sichtreubleibens. Denn Gegensätze sind einander wesensmäßig näher als dem neutralen Raum zwischen ihnen, darum werden von Natur aus extreme Charaktere auch stets wieder nur von Extremen angezogen, gleichgültig ob von positiven oder negativen. Die Form und Richtung ihrer sozialen, politischen, philosophischen oder religiösen Überzeugungen mögen sich radikal ändern, aber ihre (radikale) Substanz und Energie bleiben die gleichen.

*6* Die sogenannten Wandlungen unseres Wesens sind in Wahrheit nur seine Abwandlungen. Auf und ab Wandlungen.

*7* Reif werden, das heißt grundsätzlich nicht: zu neuen Ansichten gelangen, sondern: zu neuen Argumenten für die alten.

*8* Nach etwas streben – heißt das nicht, den seienden Augenblick vernichtigen?

*9* Stark sein heißt: sein Wesen bewahren. Und wenn mein Wesen in meiner Schwachheit liegt, so liegt meine Stärke eben darin, meine Schwachheit nicht aufzugeben.

*10* Indem wir intensiver werden, was wir sind, werden wir besser, selbst wenn wir dabei schlechter werden sollten.

*11* Charakter haben heißt, die Kontinuität von Sein und Werden, von Sein und Gewesensein fühlen.

*12* Unsere Entwicklung vollzieht sich leider nicht von der Teilheit zur Ganzheit, sondern umgekehrt.

*13* Die Leute, die einem jungen Menschen immerzu versichern, er werde, falls er nicht Kompromisse schließe, sich an der Gemeinheit des Lebens noch gehörig den Kopf anrennen, wissen es meist nicht daher, daß sie selbst anstoßen, sondern daher, daß an ihnen angestoßen wird.

*14* Man wirft uns so lange unsere Jugend vor, bis man uns ihren Verlust vorwerfen kann.

*15* Da der Durchschnittsbürger mit dem Begriff „reif" den Begriff „genießbar" verbindet, so ist es ganz verständlich, daß er alles, was ihm ungenießbar ist, für „unreif" erklärt!

*16* Erzieher übersehen allzuoft, daß die Begeisterungsfähigkeit eines jungen Menschen wichtiger ist als die Objekte, für die er sich begeistert. Indem sie diese kritisieren, erdrosseln sie oft jene.

*17* Es gibt Pädagogen, die nicht wissen, was jeder Gärtner weiß: daß es Hölzer gibt, die eher brechen als sich biegen lassen.

*18 Pubertät*: jene Entwicklungsperiode, in der uns die Umwelt der Erwachsenen unseren Mehrwert in eine Quelle von Minderwertigkeitsgefühlen verwandelt.

*19 Pubertät*: Seine Drüsen machen so viel Lärm in ihm, daß er seine Gedanken nicht verstehen kann.

*20* Der Hochmut der Jugend stammt aus dem Gefühl der Grenzenlosigkeit. Der Hochmut des Alters aus dem Wissen um Grenzen.

*21* Es ist leichter, jung zu sein als alt, weil es leichter ist, sich auf das zu berufen, was man vollbringen wird, als auf das, was man vollbracht hat.

*22* Jünglinge und Greise haben eines gemeinsam: sie tragen ihre Tiefe gern an der Oberfläche.

*23* Das Bequeme an der Erfahrung des Alters ist, daß man sie nicht besitzen muß, um auf sie pochen zu können.

*24* Das wahrhaft tragische Erlebnis der meisten jungen Menschen ist nicht die Erkenntnis, mit der ihre Pubertät beginnt: daß die Welt nicht zu ihnen passe, sondern die Erkenntnis, mit der sie endet: daß sie ganz gut in die Welt passen...

*25* Es ist nicht schwer, zu sein, was man scheint. Viel schwerer und für das Wesen gefährlicher ist es, zu scheinen, was man ist.

*26* Jede schöpferische Emanation des Menschengeistes bezieht ihre Kraft aus der Vorstellung des Sein-sollenden, das liegt schon in dem Worte „schöpferisch". Alles bereits Seiende ist im Grunde steril.

*27* Um den wahren Wert der Dinge zu erkennen, muß man sie mit den Augen eines Abschiednehmenden sehen, auch sich selbst. Mit jeder Stunde nehme ich Abschied von mir, von diesem Jahr, von diesem Tag, von meinem Leben. Wie dunkel der gegenwärtige Augenblick auch sein mag: die Tatsache, daß meine Augen diese identische Dunkelheit nie mehr erblicken werden – ihre Unwiderbringlichkeit für alle Ewigkeit – verleiht ihr Wert.

*28* Nichts gewährt so viel Distanz (und damit Nähe) wie die Transponierung der Gegenwart, die man erlebt, in die Vergangenheit, die sie sein wird, wie die Betrachtung des währenden Augenblicks von einer imaginären Zukunft her. Vor einer Reise stehend, fühlt man bereits das Heimweh in der Erinnerung an die noch seiende Stunde, und erst damit erfühlt man sie ganz, die man sonst, verfangen in ihr, ohne sie wahrzunehmen, ohne seiner in ihr gewahr zu werden, ver-lebt hätte.

*29* Aus der Ahnung „Wir werden gewesen sein" erwächst uns das Erlebnis „Wir sind", und indem wir dem Vergangenheitwerden einer Stunde lauschen, wird sie uns gegenwärtig.

*30* Die Flamme besteht darin und dadurch, daß sie ihre Substanz verzehrt – also sich selbst. Sie lebt, indem sie stirbt, und stirbt, indem sie lebt, und in dieser Gleichzeitigkeit von Sein, Werden und Vergehen, in dieser steten Wandlung besteht ihre Identität. Mit der Identität des Individuums verhält es sich nicht anders; und vielleicht verhält es sich so mit jeglicher Substanz, und Baum und Stein sind nur kalte, d.h. unendlich langsame Flammen.

*31* Der Mensch ist wie ein aus vielfach übereinandergeschichteten Bildern bestehendes Abziehbild: die Endansicht ist bereits unter der Anfangserscheinung verborgen, der Greisenbart unter dem Babykinn. Aber die Zeit muß erst ein Deckblatt nach dem andern abziehen, auf daß das letzte Abbild sich enthülle.

*32* *Universalbiographie*: Er wurde geboren, d.h. auf das laufende Band des Lebens geworfen, auf dem es kein Zurück mehr gibt, nur ein Vorwärts (von dem Entrinnen durch Seitwärtsabspringen oder -abgleiten ins Nichts abgesehen). Er wuchs auf, d.h. er wurde mit Hoffnungen fortifiziert, mit Kenntnissen und Vorurteilen versehen, unter den Hammerschlägen des Schicksals zurecht- und -unrechtgebogen, von Freuden und Schmerzen befleckt und geläutert, mit einer Weltanschauung vernagelt, mit Moral übertüncht, von Enttäuschungen abgeschliffen und von Erfolgen aufpoliert. Er starb, d.h. er erreichte das letzte Stadium seiner Bearbeitung durch das Leben – den Tod: er ist vom Rohmaterial zum Fertigprodukt geworden.

*33* Ich schreibe etwas nieder, und dann schaue ich mir die Schriftzüge auf dem Papier an und erinnere mich des Menschen, der noch am Leben war, als ich dies schrieb...

*34* Die tiefste Bedeutung der Reinkarnationsidee liegt darin, daß wir ihr gemäß so lange in höheren (oder niedrigeren) Formen wiedergeboren werden, bis wir das reinste, klarste, vollste Manifestationsstadium erreicht haben – aber nicht das eines uniformen Absolutums, sondern das unseres eigenen essentiellen Wesens, unserer Mutter-Idee, unserer Entelechie: bis wir erfüllen, was Goethe das Gesetz nannte, nach dem wir angetreten.

*35* Was uns mit der Vergangenheit verbindet, ist, daß wir in der Zukunft die gleiche Gegenwart lang tot sein werden.

*36* Es ist ein eigenartiges Gefühl zu kontemplieren, wie beschränkt die Zahl unserer Zeitgenossen ist, im Vergleich zu der Zeitlosigkeitsgenossenschaft, die unser wartet...

*37* Eine Geburt muß keine Totgeburt sein, um eine Todgeburt zu sein.

*38* Es ist ein Unterschied, ob man von jemandem sagt: „er ist gestorben“ oder: „er ist tot“. Jener hat aufgehört zu sein. Dieser ist.

*39* Es fragt sich, ob wir nach unserem Tod auf die gleiche Art tot sein werden wie vor unserer Geburt – oder anders. Ob also unser Gewesensein auf unser Nichtsein abfärben wird, ob wir berührt sein werden von der Unterscheidung der Lebenden zwischen Nichtgelebthaben und Gestorbensein...?

*40* Leben: der Funke Bewußtsein zwischen der positiven und der negativen Elektrode der Bewußtlosigkeit. Oder: der Funke Zeit zwischen zwei Ewigkeiten.

*41* Todesfurcht ist im wesentlichen die Furcht vor dem Verlieren unseres Selbst-bewußtseins, unserer Identität.

*42* Ein Trost bleibt uns: was immer auch geschehen mag – wir werden mit dem Tode davonkommen.

*43* Das Sterben beginnt mit dem Leben und endet mit dem Tod. Genaugenommen führt der Mensch ein Ableben.

*44* Ich fürchte mich nicht vor dem Sterben, aber die Welt in mir fürchtet sich vor dem Untergehn.

*45* Das Datum des Weltuntergangs? Unser Todestag.

## *VII. Leben und Existieren*

*1* Mein Leben verläuft am Rande meiner Existenz.

*2* In unserer Weltordnung bedingt die Existenz, als Voraussetzung für das Leben, zugleich dessen Hintansetzung.

*3* Denen, für die das Wovon des Existierens kein Problem bildet, erscheint gewöhnlich auch das Wozu des Lebens nicht problematisch. Und daß der Mensch nicht von Brot allein lebe, ist in der Regel jenen bewußt, die nicht genug Brot zum Leben haben.

*4* Das Ärgste ist der Dünkel des Spießers, seine Fähigkeit zu existieren für seine Existenzberechtigung zu halten.

*5* Eine der Ursachen für Appetitlosigkeit und Konstipation ist eine falsche Diät. Dasselbe gilt für das Fehlen des Lebenshungers, für Gemütsverstopfung. Die richtige Nahrung – Erleben – wird schlackenlos in Energie, Daseinsfreude und Appetit nach neuem Erleben umgesetzt. Die fade Hausmannskost der Routine dagegen, des Existierens und Vegetierens, der Freud- und Vorfreudlosigkeit, der Langeweile und tagtäglichen Müh ohne Spielraum, ohne Aussicht auf Variationen, Ambitionen, Dissipationen, ohne die heimliche Erwartung des Unerwarteten – ein solches Menü muß zu emotionaler Unterernährung führen, zu Vitamindefizit und Vitalitätsmanko, zu Unlust und Trieberschlaffung, zu Überdruß, Müdigkeit und Alter.

*6* Unsere Lebensaugenblicke sind wie Funken in der schwarzen Rauchwolke unserer Existenz.

*7* Zoll um Zoll sterben ist schlimm genug. Aber Zoll um Zoll leben – das ist tragisch!

*8* Sonderbar, daß einer, der nicht leben konnte, sterben kann!

*9* Wer uns zum Leben erweckt, macht uns unfähig zur Existenz.

*10* *Erste Lektion der Lebenskunst*: Sich, am Fuß einer Rolltreppe stehend, einen Zauberteppich wünschen – dann die Augen öffnen...

*11* Das Nutzlose, Zwecklose, Überflüssige stellt das Prinzip des urkräftigen Lebens dar; das Nützliche, sich Abnützliche, einem Zweck Dienliche das Prinzip der Zivilisation und Kultur, der Neurose, der Krankheit, des Todes. Und da alles Organische stets eine Synthese von überflüssig und zweckvoll darstellt, so ist es immer auch eine Synthese von Leben und Tod, ein Ineinander und Gegeneinander von Dionysischem und Apollinischem, von Chaos und Logos, Fühlen und Denken, Musik und Wort.

*12* Fast alle jungen Menschen stellen sich das Leben anders vor, als es wirklich ist. Daraus folgt, daß das Leben, wie es ist, falsch sein muß: denn woher sollten diese einander so verwandten Vorstellungen einer Welt, die nie gesehen wurde, kommen, wenn nicht aus jener göttlichen, dem jungen Menschen eingeborenen Welt, ihrem In-begriff, dem ewigen Urbild und Vorbild, dessen Abbild und Entwicklung unsere äußere zu sein hätte...?!

*13* Am Anfang weiß man, was sein soll – am Ende, was ist.

*14* Der Zweck des Daseins ist das Leben.

*15* Das Leben ist eine lebensgefährliche Angelegenheit.

## *VIII. Tun, Nichtstun, Denken*

*1* Müßige Gedanken: Ursache und Folge.

*2* Es wird gewöhnlich angenommen, daß der Müßiggänger bloß dem Gesetz der Schwerkraft gehorche, daß der geringste Widerstand der Stillstand sei. Aber das kommt auf die Umgebung an: inmitten eines reißenden Stromes erfordert Stillstehen das Maximum des Widerstehens. Und tatsächlich ist die gesellschaftliche Suggestion des Tätigseins und Emsigseins, des alleinseligmachenden Schaffens und Verrichtens so groß und allgegenwärtig, daß es eines starken Charakters bedarf, dem allgemeinen Wetteifersuchts- und Geschäftigkeitskult die denkende Stirn zu bieten; tatsächlich ist das uns umgebende Getriebe bei näherem Hinschaun als ein konventionelles Sichtreibenlassen und Sichgehenlassen zu agnoszieren, das weit weniger Rückgrat erfordert als die Haltung des Nichtstuers. Die rührigen und beflissenen Leute sind in der Regel moralische Schwächlinge und materialistische Kompromißler. Wer Idealismus, Charakter und Integrität finden will, muß sie unter den Müßiggängern suchen.

*3* Die fieberhafte Tätigkeit, die ein Symptom unserer Zivilisation ist, ist paradoxerweise eine Manifestation des Trägheitsgesetzes. Doch das Paradox ist nur scheinbar eines, denn die Essenz der Trägheit ist nicht Inaktivität, sondern Beharrung: das mauleselhafte Fortführen einer vor hundert Monotonien begonnenen Handlung oder Unterlassung, die Abneigung gegen jede Änderung des jeweiligen status quo. Das Trägheitsgesetz offenbart sich in der Apathie der Herde, die ewig dem Punkt des geringsten Widerstandes zustrebt, begierig zu tun, was die andern tun – die tun; es offenbart sich in der unterwürfigen Verbeugung vor der Konvention, dem Mit-dem-Strom-Schwimmen derer, die mit dem Strom treiben, dem Im-Geleise-Laufen und Begehen der begangenen Mittelwege, der Anbetung der Arbeit und dem Gedränge nach dem Futtertrog, dem Kult der Konformität und der Panik vor der Deviation – dem ganzen jämmerlichen Mangel an Individualität, Selbstbehauptung und der Courage zur Setzung des

Gegensatzes: der schöpferischen Tat des Nichtstuns versus die sterile, servile, mechanische Routinetuerei!

*4* In dem Wort „tatsächlich" birgt sich auch die Sächlichkeit der Tat, die Unpersönlichkeit des Getues.

*5* Es gibt nur *einen* Zeitverlust: das Verlieren der Zeit aus unserem Bewußtsein. Und ebendas ist gewöhnlich die Folge unserer sogenannten Zeitgewinne, der blicklosen Hast, mit der wir uns die Zeit (und uns der Zeit) verkürzen. Es ist daher durchaus kein Paradox zu sagen: unsere „Zeitgewinne" sind in Wahrheit Zeitverlust, unsere genießerischen „Zeitverluste" in der Regel Zeitgewinn.

*6* Arbeiten schützt vorm Denken, aber das Denken schützt nicht vorm Arbeiten. Das ist die eigentliche Tragödie des schöpferischen Menschen.

*7* Arbeiten sollte nur der müssen, der auch im Müßiggang nichts Besseres leisten würde!

*8* Arbeit ist Unliebhaberei, Spiel und Kunst sind Liebhabereien. Arbeit ist mit Schaffensleid verbunden, Spiel und Kunst mit Schöpferfreude. Arbeit *dient* der Bedürfnisbefriedigung, Spiel und Kunst *sind* Bedürfnisbefriedigungen.

*9* Arbeit um der Arbeit willen steht noch niedriger als Arbeit um des Geldes willen!

*10* Ich liebe geistlose Tätigkeiten. Dabei kann man sich so viel denken!

*11* Komische Phänomene gibt es: unlängst hörte ich einen Trottel sagen, er habe eine geisttötende Arbeit zu verrichten!

*12* Es gibt Leute, die nach ihrer Arbeit ein Privatleben führen, und andere, die vor ihrem Privatleben arbeiten.

*13* Nicht allein, daß das Gehirn denkt, ist das Wunderbare, sondern daß es sich selber zu denken vermag, daß es ein denkbares Denkendes ist, geschaffen, alles Geschaffene zu erschaffen und sich selber aus sich. Das auch ist das eigentlich Menschliche: nicht bloß Bewußtsein zu haben wie jedes andere Tier, sondern auch das Bewußtsein dieses Bewußtseins, also Selbstbewußtsein; nicht nur „es" zu erkennen, sondern auch „Ich"; denkend die Denkgesetze zu ermitteln, denen man in ebendieser Tätigkeit doch wieder unentrinnbar unterliegt. Ein Kreis, mit dem der Verstand sich selbst seine Grenze zieht, um sie freilich im gleichen Augenblick wieder zu durchbrechen: denn schon ist auch der Punkt außerhalb des Ichs, außerhalb der Welt erspäht, der ewig unerreichbare, den zu erreichen hieße: Welt und Ich, Welt weil Ich, aus den Angeln heben.

*14* Es gibt Dinge, die einem nur verständlich sind, solange man nicht über sie nachdenkt. Deswegen kommt wohl auch den Leuten, die wenig denken, die Welt ganz plausibel vor.

*15* Reflexion ist meine Reflexbewegung gegenüber dem Leben.

*16* Die Problematik des geistigen (wie des photographischen) Scharfeinstellens besteht darin, daß ein Teil des Bildes dabei immer in demselben Maße verschwommen wird, in dem ein anderer Teil Kontur annimmt und sich verdeutlicht. Unsere Gesamtsicht wird dadurch nicht klarer. Was nicht in ein philosophisches System paßt, was sich innerhalb eines genau abgesteckten Gesichtswinkels nicht unterbringen läßt, was aus dem Rahmen fällt und sich einer Anschauungsweise nicht fügt, das ist gewöhnlich ausreichend, in Menge und Gewicht, um in den Brennpunkt eines anderen Systems gestellt und zu dessen Nukleus und integralem Bestandteil gemacht zu werden. Wird jedoch eine Synthese der Systeme versucht, so lösen sich diese auf, die Konturen werden weich, die Vordergründe weichen zurück, und das Bild nimmt wieder jene ursprüngliche Komplexität der Erscheinung an, die allumfassend ist, aber vage.

*17* Cogito, ergo sum: Ich bin in Gedanken.

*18* Cogito, ergo sum. Sum, ergo cogito. *Cogitans sum.*

*19* Me cogitat, ergo est. (Ergo sum.)

*20* Was meine Ahnung noch erfassen kann, ist „Ich", bin ich. Sum quae cogito – was ich denke, bin ich. Und die „Außenwelt" beginnt erst dort, wo mein Bewußtsein endet.

*21* Erinnern kann man sich nur an Äußerlichkeiten. Alles Vergangene ist außerhalb unsres Bewußtseins, d.h. vergessen; solange es innerhalb seiner ist, solange wir es im Gedächtnis haben, solange ist es uns „gegenwärtig" – solange ist es also nicht vergangen.

Sich erinnern heißt demnach: uns wieder er-innern, was uns von der Zeit ent-äußert worden war; Äußerliches zurückverinnerlichen; Abgetrenntes uns wieder einverleiben, einvergeisten; das Es ins Ich zurückverwandeln, dem es entfallen war – es wieder ver-ichen.

*22* Es gibt nur einen Ausweg: den nach innen.

*23* Man muß in sich hineinsehen, um über sich hinauszusehen. Aber Introversion ist nur wertvoll, wenn eine Extravision aus ihr resultiert. Sonst sieht man nichts von der Außenwelt, und an Stelle der Innenwelt nur Innereien.

*24* Wie die physischen Substanzen, so sind auch die seelischen verschieden farbempfindlich; das eine Gemüt absorbiert, was das andere reflektiert: daher die verschiedenen Temperamente.

*25* Allein denken, und gemeinsam mit einer Frau nicht denken – diese beiden Tätigkeiten erscheinen mir als die einzig menschenwürdigen auf der Welt.

*26* Emotio hat der Ratio gegenüber eine ähnliche Funktion wie der Starter eines Automobils gegenüber dem Gaspedal. Oder, um ein Wort, das vor der sinnbildlichen Verwendbarkeit des Automobils entstanden war, zu variieren: Nihil est in intellectu, quod non prius fuerit in emotione.

*27* Gefühl ist, als Instinktmanifestation, über alle Wertungen der Moral, Ästhetik und Utilitarität erhaben. Das einzige Maß des Gefühls ist seine Echtheit und Intensität. Was ist eine zahme Liebe, eine laue Bewunderung, eine mäßige Dankbarkeit gegen einen brennenden Neid, einen verzehrenden Ehrgeiz, eine fanatische Rachsucht, eine glühende Begierde?! Eine „gute" und eine „böse" Leidenschaft, ein „nützlicher" und ein „schädlicher" Trieb, ein „löblicher" und ein „verwerflicher" Überschwang mögen in ihren Wirkungen verschieden sein: als Wesenselemente sind sie identisch.

*28* Bemerkenswert, daß man Leute, die kein Gefühl haben, Verstandesmenschen nennt! Oder eine Ehe, die ohne Liebe geschlossen wird, eine Vernunftehe! Als ob für ein Plus an Intellekt nichts weiter vonnöten wäre als ein Minus an Sentiment!

*29* Die elementare Einheit von Trieb und Geist, von Eros und Logos, erweist sich unter anderm in der Furcht des Spießers vor ihrer identischen Funktion: die Tabus zu durchbrechen, die er vor allem Organischen aufgerichtet hat.

*30* Der Philister steht dem gedanklichen Leben mit dem gleichen trüben Haß gegenüber wie dem geschlechtlichen. Der besinnliche Mann ist ihm nicht minder verdächtig als das sinnliche Weib, und in seinem dumpfen Drang, die Lust des Geistes zu reglementieren, offenbart sich, daß er in der Frucht noch instinktiv den Samen erspürt hat: den Geist der Lust.

*31* Die Qualität eines Gedankens hängt nicht so sehr von seiner Originalität ab als von seiner Originärität – also davon, daß er dem, der ihn hat, neu einfällt, unabhängig davon, wie oft er vorher schon andern eingefallen war.

*32* Ich will lieber denken, was vor mir gedacht, als wissen, was vor mir gewußt wurde!

*33* Die Zahl der existierenden Richtigkeiten ist begrenzt, die der Unrichtigkeiten unbegrenzt. Darum ist es um soviel leichter, originell zu sein, als recht zu haben.

*34* Das Richtige wie das Falsche ist selten originell. Das Originelle ist meistens nur eine neuartige Mischung von richtig und falsch.

*35* Plötzlich erscholl Hupengeheul und ein Auto bog ratternd in meine Gedankengänge ein. Die Passanten stoben flüchtend auseinander und verschwanden in den dunkelsten Winkeln. Einige kamen unter die Räder.

*36* Darin liegt das ganze Elend des geistigen Menschen: daß ein Gedanke niemals eine Autohupe verscheuchen kann, eine Autohupe aber immer einen Gedanken.

*37* Manche Leute behaupten mit Stolz, daß Lärm sie nicht in ihren Gedanken störe. Dafür könnte es zweierlei Gründe geben: Immunität gegen Lärm, oder Immunität gegen Gedanken.

*38* Erkenntnisse lassen sich nicht vermitteln. Bei der Übertragung erleiden sie einen Verlust: sie werden zu Kenntnissen.

*39 Unterscheidung*

Kenntnisse gehn dir verloren, und du kannst sie wieder erwerben.
Erkenntnisse müssen mit dir zugleich sterben – und werden stets neu geboren.

*40* Kenntnisse besitzt man. Erkenntnisse nehmen von einem Besitz.

*41* Eine Erkenntnis haben, heißt: plötzlich etwas ahnen, was man bisher nur gewußt hat.

*42* Wieviel einer verstehen kann, hängt von seinem Fassungsvermögen (das Wort bedeutet Fassungsraum sowohl wie Auffassungsgabe) ab. Jeder versteht nur, was „ihm eingeht", was in ihn eingeht, ihm organisch zugehört, was er assimilieren, also zu einem Teil seiner selbst machen kann. Der Gescheite kann den Dummen begreifen, weil Intelligenz auch der Vorstellung ihres Fehlens fähig ist; der Dumme aber ist nicht imstande, Intelligenz zu erkennen, denn man kann nur identifizieren, was man selbst besitzt. Fülle, mit anderen Worten, schließt immer auch die Leere ein, Leere aber niemals die Fülle.

*43* Nur Fülle kann neue Inhalte zu größerer Fülle verarbeiten. Leere macht aus allem, was in sie eingeht, nur wieder Leere.

*44* Nur wer erfüllt ist, ist erfüllbar. Je innerlich reicher einer ist, je mehr er in sich hat, desto mehr vermag er aufzunehmen, denn geistiger Zuwachs ist keine mechanische Addition, sondern eine Synthese, derjenigen von chemischen Stoffen vergleichbar, die auch umso leichter und differenzierter vor sich gehen kann, je mehr bindungsfähige Elemente bereits vorhanden sind, mit denen die neu hinzukommenden zu höherer organischer Einheit verschmelzen können. Man lernt nicht durch Akkumulation, sondern durch Assoziation.

*45* „Gescheit" und „raffiniert" sind zwei Begriffe, die einander ausschließen. Eher ließe sich schon eine Verbindung von „dumm" und „raffiniert" denken.

*46* Der Narr geht mit dem Kopf durch die Wand. Der Weise läßt sich die Wand durch den Kopf gehen.

*47* Der Dumme kann nicht verstehen, was der Weise versteht. Und der Weise kann nicht begreifen, was jedem Dummkopf plausibel erscheint.

*48* Dummheit reproduziert sich selbst – ein Beispiel von Fortpflanzung durch Spaltung. Schlägst du eine Dummheit, um ihr den Garaus zu machen, in Stücke, so bewirkt das lediglich, daß du nun anstatt *einer* Dummheit deren mehrere vor dir hast, die alle, wie zerschnittene Regenwürmer, fröhlich weiterleben und sich zu ausgewachsenen Dummheiten auswachsen. Es ist erstaunlich, daß die Aufgabe, die Dummheit aus der Welt zu schaffen, indem man die einzelnen Dummheiten ausmerzt, unter den Sisyphusarbeiten nicht erwähnt ist!

*49* Der Hauptunterschied zwischen einem gescheiten und einem dummen Menschen ist, daß nur jener sich dumm stellen kann.

*50* Nur gescheite Menschen können unter ihrer Dummheit leiden.

*51* Nur wer, um Ironie bereichert, bis zu der Andacht seiner Kindheit zurück vorzuschreiten vermag, gelangt vom Verstand zum Geist. Was dazwischen auf der Strecke bleibt, bietet das betrübliche, aber für unsere Epoche typische Bild des intellektuellen Trottels.

*52* Die Schuld an der Verfälschung aller Lebenswerte tragen zum großen Teil jene, die zu viel wissen, aber nicht genug; die zu intelligent sind, und zu wenig verstehen. Unter der Midas-Berührung ihres Intellekts klären sich die Dinge so sehr, daß sie ihre Substanz und Identität verlieren und zu polierten Spiegeln werden, in denen sich die Durchschauer schauen können; die Tiefe eines jeden Problems wird an die Oberfläche befördert, und so eliminiert; alles Lebendige wird de-vitalisiert, alles Fertile wird im Augenblick steril, das Erdhafte verliert sein Aroma und das Überirdische seinen Glanz, die Seele verwandelt sich in eine Mentalität, und auf dieselbe Art, auf die das saftig Vulgäre zum gewürzlos Preziösen wird, wird das Sublime so öde und banal wie ein Schmetterlingsflügel ohne seinen farbigen Staub: die Elemente aller Dinge werden von der Vernunftsäure der Nur-Vernünftigen zersetzt.

*53* Das geistige Leben beginnt, sobald man aufhört, von selbst zu verstehen, was sich von selbst versteht, sobald man das Augenscheinliche als Schein erkennt, Antworten fragwürdig findet und die Probleme erst in den Lösungen, sobald man sich des Gewohnten entwöhnt, über das Einfache wundert und um des Plausiblen willen den Kopf zerbricht.

*54* Es gibt Standpunkte, die mir durch ihre Höhe verdächtig sind. Wer gar zu hoch über den Dingen steht, wird viele übersehen.

*55* Wissen erweist sich in der Fähigkeit, die richtigen Antworten zu geben, Gescheitheit in der Fähigkeit, die rechten Fragen zu stellen.

*56* Geistig kann man jemanden nur bereichern, indem man es ihm möglich macht, uns zu beschenken.

*57* Manche Zeit und ihre Ereignisse bringen es mit sich, daß die Geistesstörung, an der einer leidet, zum Unterpfand des Geistes wird, den er besaß; während unter den gleichen Umständen die Erhaltung eines ungestörten Verstandes den Verdacht erwecken muß, daß ein solcher nie vorhanden war.

*58* Ein offener Geist ist wie eine unbefestigte Stadt: verteidigungslos – ein Geist in Frieden.

*59* Der Aberglaube an den Fortschritt beruht auf der Erweiterung unseres kollektiven Wissens und der ständig steigenden Quantität und Qualität überlieferter, ins Haus gelieferter, als Fertigware bezogener Fertigkeiten. Aber gemessen mit dem Maßstab der geistigen *Kapazität*, der individuellen *Denkfähigkeit*, ist in der Geschichte kein Fortschritt ersichtlich – weder des Individuums noch der Menschheit. Der Meeresspiegel der Massenmentalität ist im Laufe der Jahrtausende weder gesunken noch gestiegen. Es gibt bloß, sich durch die Jahrtausende aus ihm hebend, die gischtgekrönten Wellenberge geistiger Potenz – von Plato bis Freud.

*60* Fortschritt – das ist öfter ein Schritt fort als ein Schritt vor!

*61* Wirklich ist, was wirksam ist: also auch die Idee.

*62* Um Verwirklichung soll man sich nur bei Idealen bemühen, um deren Unverwirklichbarkeit man weiß. Die erreichbaren Ideale sind nämlich gar nicht der Mühe wert. (Noch sind sie Ideale.)

*63* Das Ideal, mit andern Worten, ist eine Unerreichbarkeit, die erreichen zu wollen sichs lohnt.

*64* Nicht, daß er wußte, daß er nichts wußte, machte Sokrates zum Philosophen; sondern daß er wußte, *was* er alles nicht wußte!

*65* Was einer allgemeinen Unwahrheit am nächsten kommt, ist eine allgemeine Wahrheit. Man ist beinahe versucht zu sagen, daß eine Wahrheit sich bereits dadurch in eine Unwahrheit verwandelt, daß sie allgemein wird. Sobald eine Idee der Menge eingeht und von ihr akzeptiert wird, bedarf sie bereits der Korrektur durch eine andere Idee – deren Träger und Wegbereiter natürlich, gleich ihren Vorgängern seit eh und je, für ihre neue Einsicht ausgestoßen und gekreuzigt werden: bis auch ihre Erkenntnis wieder Massenapprobierung finden, bis also auch ihr Unallgemeingut zu einem Allgemeinungut geworden sein wird.

*66* Verglichen mit der Milch der frommen Denkart ist ein Stamperl gärend Drachengift – in das jene sich durch den Zusatz von Gedankenbakterien verwandelt – ein Labetrunk!

*67* Die Stärke, die sich aus dem Wissen des Von-andern-Geteiltwerdens einer Überzeugung beziehen läßt, ist gering, gemessen an dem Kraftreservoir, das von dem Bewußtsein gespeist wird, mit einer Überzeugung allein zu stehen. Zumindest geistig ist die splendid isolation noch möglich, die physisch bereits illusorisch geworden ist!

*68* Nur Alltagspsychologen glauben, daß Gegensätze einander ergänzen, daß ein pessimistischer Mann eine optimistische Frau brauche, und umgekehrt. In Wirklichkeit lasten die Dinge, je weniger Gewicht sie für den einen haben, desto schwerer auf dem andern, und je heller jener ist, umso dunkler fühlt sich dieser. Ein Verneiner ist nur durch einen noch radikaleren Verneiner zu heilen, an dem er zum Bejaher werden darf, von dessen dunklem Hintergrund sich seine eigene Düsterkeit licht abhebt und dessen bleierne Gebundenheit ihn aufruft, alles, was sein Wesen an Freibeschwingtem und Heiterem nur besitzt, zu sammeln und wider sie – und damit wider sich – ins Treffen zu führen.

*69* Ein psychologischer Sherlock Holmes wird mit einem hohen Grad von Wahrscheinlichkeit von der Meinung eines Menschen über *einen* bedeutsamen Gegenstand auf seine Ansichten über eine Vielheit von Problemen schließen können. Denn jemandes Ansichten sind wie Wörter in dem Kreuzworträtsel seiner Persönlichkeit, stets zu neuen Wörtern führend und – sobald nur der richtige Anfang gemacht ist – bewirkend, daß alles sich von selbst ordnet und einfügt. Zum Beispiel läßt die Stellung eines Mannes zu Problemen wie Geburtenkontrolle, Euthanasie, Prostitution, Antisemitismus, allgemeine Wehrpflicht etc. ziemlich sichere Schlüsse darauf zu, wie er gegenüber Gewerkschaften eingestellt ist, ob und wie er über die Vereinten Nationen denkt, ob er für oder gegen die konfessionelle Schule, für oder gegen die Todesstrafe ist, was er von der Psychoanalyse hält, ob er eine Filmzensur befürworten würde, welche Art von Lektüre ihm besonders zusagen dürfte usw. usw. Daher die bemerkenswerte Bemerkung Goethes zu Eckermann: „Wenn ich jemand eine Viertelstunde gesprochen habe, so will ich ihn zwei Stunden reden lassen."

Sobald es jedoch demonstrierbar ist, daß die Erkenntnis der Wesensart und Weltanschauung eines Menschen die Voraussage seiner Reaktion auf eine Mannigfaltigkeit von philosophischen, literarischen und tagespolitischen Fragen ermöglicht – in diesem Augenblick ist es auch erwiesen, daß der Betreffende seine Schlüsse nicht, wie er glaubt, aus den Sachverhalten zieht, die er zur Begründung seiner Haltung anführt, sondern daß er, ganz im Gegenteil, die Sachverhalte seinen im voraus gezogenen Schlüssen gemäß auswählt und produziert: er paßt die Tatsachen seinen Auslegungen an, nicht seine Auslegungen den Tatsachen. Der Mensch wird von Emotionen motiviert, und noch das rationalste Denken wird durch irrationale Zündkerzen ausgelöst. Wo also, beispielsweise, eine Vertrautheit mit den pragmatischen Inhalten einer revolutionären politischen Ideologie besteht, dort wurde sie in der Regel zum Zwecke der Verstärkung, Verteidigung und Propagierung eines emotional bezogenen Standpunktes erworben, führte jedoch nicht ihrerseits zu dessen Adoption. Sie ist also nicht Ursache, sondern Folge – ganz ebenso wie die öffentlichen Meinungsträger „ihre" mannigfach schattierten Leibblätter lesen, um in ihren eigenen Ansichten bestärkt zu werden; denn sie besitzen jene Ansichten nicht daher, daß sie jene Zeitungen lesen, sondern sie lesen jene Zeitungen, weil sie darin ihre unartikulierten Anschauungen autoritativ, gebrauchsfertig und in gedankensparende Schlagworte verpackt zum Ausdruck gebracht finden.

*70* Die wahrscheinlichste Lösung des Problems der Willensfreiheit – welches nicht darin besteht, ob man tun kann, was man will, sondern ob man wollen kann, was man will – scheint mir diese zu sein: Das Leben eines Menschen mag bloß die Vollziehung des Gesetzes sein, nach dem er angetreten – aber es ist ein Rahmengesetz: die Ausführungsnormen vermag er nach freiem Willen zu erlassen.

*71* Ich habe wenig Respekt für Leute, die religiös sind aus Mangel an Intellekt, oder irreligiös aus Mangel an Seele.

*72* Auch das Nichtglauben ist eine Glaubenssache. Der Versuch, die Nichtexistenz Gottes zu beweisen, ist ebenso kindisch wie das Unterfangen, sein Dasein unter Beweis zu stellen. Der Grund für die Aussichtslosigkeit solcher Bemühung liegt allein schon in dem Worte „beweisen". Der Begriff des Beweises nämlich gehört der Logik an, und diese selbst ist Zeugnis für die Gebundenheit unseres Denkens an Gesetze – zum Beispiel das der Kausalität. Uns über diese Gesetze (und damit über uns selbst) zu erheben, kann uns nur in dem Maße gelingen, als wir unserer Gebundenheit gewahr werden. Nun ist es aber – falls es einen Gott gibt – sein wesentliches Attribut, außerhalb des Wirksamkeitsbereiches unseres Denkapparates zu stehen, da er diesen Apparat, mit all seinen Beschränktheiten, ja selbst erst geschaffen hätte. Das jedoch bedeutet, daß die Existenz Gottes eo ipso ihren Beweis ausschließt. (Ebenso natürlich ihren Gegenbeweis, der in diesem Fall sowieso ein Fehlbeweis sein müßte.)

Falls dagegen Gott nicht existiert, läßt sich ebendarum seine Existenz nicht beweisen; aber auch der Beweis seiner Nichtexistenz, d.h. der Beweis, daß dem Abstraktum, das wir nun in unserm Ebenbild geschaffen hätten, kein Konkretum entspreche, müßte daran scheitern, daß wir, um etwas über das Nichtseiende aussagen zu können, erst fähig sein müßten, über das Seiende hinauszukommen. Tatsächlich sind wir aber in unserer selbstgeschaffenen abstrakten Realität gefangen: Gott denken heißt, ihn (als Begriff) erschaffen; und selbst ihn wegdenken heißt, ihn denken. Archimedes hat das Dilemma schlagend durch das mechanische Hebel-Gleichnis erhellt, als er ausrief: „Gib mir einen Punkt außerhalb der Welt, und ich hebe diese aus den Angeln!“

*73* Das Wort „Gottesfurcht“ erhellt den Ursprung der Religion, wie auch, was an ihr falsch und übel ist.

*74* Nur wer um einen Grad tiefer fühlt, als zum Einblick in einen Menschen oder in eine Situation nötig ist, gelangt zur Einsicht. Nur wer um einen Gedanken weiter denkt, als zum Verständnis eines Problems oder einer Erscheinung – also zum Wissen – erforderlich ist, gelangt zur Weisheit.

*75* Seelisch-geistig wachsen heißt: immer etwas mehr tun als nötig, etwas mehr unterlassen als angebracht. Nur wer übers Ziel schießt, erreicht das Ziel – oder wer sich das Streben nach äußeren Zielen gänzlich versagt.

*76* Über sich selbst hinausgehen kann man nur, indem man – das Schwerste, Wichtigste, seltenst Gelingende in der Welt – bis an seine Grenzen geht. Denn dieses ist mit jenem identisch.

*77* Ist es wirklich wahr, daß wir uns unsere Meinungen bilden? Ist es nicht vielmehr so, daß wir sie oft ganz plötzlich und von unscheinbaren Anlässen ausgelöst in uns *entdecken*, wo sie, bereits völlig gebildet, in unmerklichem Wachstum herauskristallisiert, verborgen gelegen hatten?

*78* Es ist viel leichter, abzulehnen, was man nicht verstehen kann, als was man versteht. Denn Verstehen ist bereits Absorption – also Annahme.

*79* Keine Idee wird jemals mit solcher Heftigkeit abgelehnt wie eine Idee, an die einer einst geglaubt hat, kein Mensch kann so gehaßt werden wie einer, den man einst geliebt. Der Grund liegt tiefer als in bloßer Enttäuschung. Glaube und Liebe sind Versuche der Inbesitznahme, der Einverleibung und Einverseelung; wenn sie mißlingen, wenn, was wir absorbiert haben, dennoch nicht akzeptiert werden kann, d.h. nicht organisch assimiliert – dann müssen wir es ausscheiden, und zwar mit dem Grad von Heftigkeit, der erforderlich ist, um zu eliminieren, was uns bereits „in Fleisch und Blut übergegangen" war, beide vergiftend. Lediglich diejenigen, die nichts Unverdauliches eingenommen haben, vermögen ihm mit kühlem Gleichmut gegenüberzustehen: nur wer nie geglaubt hat, kann es sich leisten, niemals zynisch zu sein, nur wer nie geliebt hat, braucht niemals zu hassen.

*80* Der geistige Eliminationsprozeß ist symptomatisch für geistige Vertiefung, nicht, wie es scheinen könnte, für geistige Verengung. Der dogmatische Geist hat nichts zu eliminieren, da er nichts in sich eingehen läßt; er ist hinter einer Tür verschanzt, die sich nur auf das Losungswort eines Schlagworts öffnet. Der offene Geist allein ist in der Lage – und sogar unter dem Zwang – zu sichten, zu bewerten, und daher auszuschließen. Nur wer ablehnt, kann aufnehmen.

*81* Zu einer Werteskala gelangt man nicht auf dem Weg der Akkumulation, sondern im Gegenteil, auf dem Wege der Elimination. Ambivalenz ist ein Fortschritt gegenüber der Multivalenz, und eine Sprosse auf der Leiter, die zur Valenz führt.

*82* Seltsame Dreistufung des geistigen Wegs! Das Ziel gleicht wieder dem Anfang, aber unendlich geläutert und erhoben durch die Erkenntnisse und Irrtümer der Wanderung.

*83* Der geistige Weg führt von der Simplizität über die Kompliziertheit zur Komplexität. Am Ende weiß man *erst*, was man am Anfang *bereits* wußte, und in der Mitte *noch nicht*. Denn zuerst ist alles klar, dann sieht man mehr, und alles wird unklar – und endlich wird's transparent.

*84* *Geistiger Weg.* Ich weiß. – Ich zweifle. – Ich glaube.

*85* Unsere verschiedenen geistigen und seelischen Stimmungen, festgehalten und zu Systemen ausgebaut, ergäben die Geistesepochen der Menschheit.

*86* Romantik: Jene geistesgeschichtliche Pubertätsperiode, der das Suchen zur Sucht wurde.

*87* Wer am Ursprung stehen bleibt, erreicht nichts. Aber auch wer am Ziel stehen bleibt, verliert es. Das Ziel erreichen kann nur, wer vom Ende an den Ursprung zurückgelangt.

*88* Parallelen treffen sich im Unendlichen. Das gilt nicht nur für Linien. Die Wege aller nach dem gleichen Gesetz Angetretenen, der nämlichen, ihnen immanenten Idee Entstammenden, mögen sie durch Jahrhunderte geschieden sein oder, einer vom andern nicht wissend, nebeneinander allein ihr gemeinsames Schicksal erleben – im Unendlichen werden ihre Lebenslinien einander begegnen, und am Ziel werden sie wieder sein, was sie am Ursprung waren: eins.

*89* Der Pfad der Weisheit führt nicht von den Fragen zu den Antworten, sondern umgekehrt.

*90* Ich weiß nicht, wo Gott wohnt. Ebendarum glaube ich an ihn.

## *IX. Menschen und Leute*

*1* Manchmal muß man jemanden aus sprachlichen Gründen einen Menschen nennen. Aber in Wirklichkeit ist er ja doch nur ein Leut.

*2* Die Menschen lassen sich in zwei Kategorien einteilen: Legt jemand den Finger erklärend auf eine Landkarte, so betrachten die einen das Gezeigte, die andern den Finger. (Ich gehöre zu den andern.)

*3* Selbstlosigkeit als Äquivalent der Unpersönlichkeit, oder: wo ein Ego vorhanden ist, dort gibt es Egoismus. „In anderen aufgehn", nur für andere leben, sind die Tugenden derer, die keine raison d'être in sich spüren, und je weniger Selbst einer besitzt, umso selbstloser pflegt er zu sein: die Sprache deckt sich mit dem Sachverhalt.

*4* Selbstsüchtig ist nur, wer sich im Dativ, nicht, wer sich im Akkusativ sucht.

*5* Je selbstloser die Leute sind, desto schwächer sind naturgemäß auch die Triebe, die auf ihr Selbst Bezug haben – ihr Selbsterhaltungstrieb, ihr Trieb nach Selbsterfüllung, ihr Trieb nach Selbstvernichtung. In ihrer Brust wohnt, ach, nicht einmal *eine* Seele, weswegen sie auch keine nennenswerten inneren Konflikte haben, sie konformen, sie passen sich an, sie schicken sich in was sich schickt (ihr typisches Schicksal ist daher auch ganz folgerichtig eine Konsequenz der Schicklichkeit), ihr Glück heißt Zufriedenheit, ihr Unglück Unpopularität. Sie kennen keine Ungewißheiten, nur Unsicherheit, und sowenig sie leben, sowenig sterben sie: sie hören bloß auf zu existieren.

Die einzigen Werte, die sie wertschätzen, sind solche, die ihr Sterben erfordern, niemals solche, die ihr Leben fördern könnten und durch ihr Leben gefördert werden. Ihre Haupttugend im Angesicht des Todes ist Fatalismus; sie rebellieren nicht gegen ihr Vergehen, denn sie haben die tröstliche Gewißheit des Vergehenmüssens auch ihres Nächsten und Übernächsten. Und da sie zum Unfatalismus unfähig sind (der Determinationsglaube ist die uralte Religion der Armen und Trägen im Geiste!), so nähren sie sich von der ranzigen Muttermilch der frommen Denkart und nennen jene tröstliche Gewißheit Weisheit. Sie stellen keine Fragen und erwarten keine Antworten. Sie heiraten hauptsächlich, um sich gegen das Alleinsein mit sich selbst – mit ihrer Selbstlosigkeit – zu sichern, und wenn sie ihrem Geschlechtsverkehr obliegen (eine in jeder Hinsicht passende Phrase, denn ein obszönes Wort für ihre fortpflanzliche Tätigkeit verliehe dieser nur den falschen Glorienschein der Lust!), so löschen sie nicht allein das Licht dabei aus, sondern schließen noch die innern Augen vor ihrer Tat. Zusammenfassend läßt sich von ihnen, den Selbstlosen, sagen, daß sie geboren werden und sterben, ohne je, in der oft beträchtlichen Zwischenzeit, das Selbstbewußtsein erlangt zu haben.

*6* Der Massenmensch zieht die Unterdrückung anderer der eigenen Freiheit vor. Er nimmt sogar die Verpflichtung, selbst moralisch zu leben, mit in den Kauf, sofern er nur dadurch bewirken kann, daß auch denen, die er beneidet, der Genuß der Unmoralität verboten wird. Und er würde lieber zusammen mit denen, die er haßt, zur Hölle fahren, als sie mit sich in den Himmel kommen lassen!

*7* Sieh einmal an, wie versöhnlich die Leute nun werden, da's dir schlecht geht! Wie freudig sie dich bemitleiden, wie gut sie dich, seit du leidest, leiden können! Noch ein paar Mißerfolge, und sie werden dir sogar vergeben, daß du ihnen einst, als du glücklich warst, zugemutet hast, sich mit dir zu freuen!

*8* Manche Leute glauben nur darum, dem Leben gewachsen zu sein, weil sie nie in die Lage kamen, sich mit ihm zu messen.

*9* Die Welt ist voll von Dieben, die es nie notwendig hatten, zu stehlen, von Mördern, die nie in die Lage kamen, einen

Mord zu begehen, und von Lügnern, die ihren Vorteil darin erkennen, die Wahrheit zu sprechen.

*10* Es gibt mehr Menschen, die im Glück klein, als solche, die im Unglück groß werden.

*11* Die Tatsache, daß so viele bedeutende Menschen unglücklich sind und waren, wird häufig dahin ausgelegt, daß Größe Unglücklichsein mit sich bringe; während in Wirklichkeit der Fall meistens umgekehrt liegt und Unglücklichsein nicht die Folge der Größe ist, sondern ihre Ursache.

Der potentiell bedeutende Mensch ist in der Welt der Normen und Konventionen außerhalb seines Elements. Wenn seine Kraft und Gabe nicht hinreichen, die Wände der Alltäglichkeit zu durchbrechen, so wird er gewöhnlich schrullenhaft und neurotisch, nörgelsam und aufsässig; steigert sich aber sein Leiden bis zu dem Grad der Unerträglichkeit, da er sich seine Qualität entweder beweisen muß oder Selbstaufgabe begehen; geht er, von jener Qual getrieben, daran, das Unmögliche möglich zu machen – nämlich die Welt sich anzupassen: dann mag er, ob er dabei zugrunde geht oder nicht, groß werden... was vielleicht nur ein anderer Ausdruck ist für: in hohem Maß er selbst.

*12* Wenn einem kleinen Menschen ein großes Schicksal zuteil wird, so ist das oft tragischer als das kleine Geschick eines großen.

*13* Nur Leute, deren Schicksal sehr klein ist, sind stets mit dem ihren beschäftigt.

*14* Die meisten Leute geben, sobald sie erwachsen sind, den Verkehr mit sich auf.

*15* Einseitige Menschen – einsaitige Instrumente. Immer dieselben paar Tone.

*16* Wie angenehm ist doch der Umgang mit Automaten aus Blech und Holz im Vergleich mit solchen aus Fleisch und Blut! Jene entleeren ihren Inhalt nur gegen den Einwurf genau bestimmter Münzen, diese hingegen schütten die stereotype Fülle ihrer Leere vor dir aus, was immer du auch in sie einwirfst, was immer auch in sie hineinfällt, sei es eine Landschaft, ein Mensch oder ein Wort!

*17* Das Versagen vieler Menschen rührt daher, daß sie vom Schicksal fehlbesetzt werden, daß sie Rollen spielen müssen, die ihnen nicht liegen. Der eine ist seinem Wesen nach ein Lehrer, der andere ein Schüler, mancher ist dazu geschaffen, zu geben, mancher, zu empfangen; und nichts ist kläglicher, als sie mit offensichtlicher Talentlosigkeit die falschen Rollen spielen zu sehen und zu wissen, wie gut sie in den richtigen sein könnten...

*18* Manche Menschen haben das Schicksal von Büchern, die voll von Inhalten schweigend auf ihren Regalen stehen und auf den unbekannten Leser warten, der sie – vielleicht – einmal aufschlagen und aus ihrer Stummheit erlösen wird.

*19* Es gibt Pazifisten, deren Persönlichkeit mich zum Verfechter der allgemeinen Wehrpflicht macht, Irrationalisten, in deren Gegenwart ich nicht einmal das glaube, was ich sehe, und Anhänger der sexuellen Freiheit, die in mir das Verlangen erwecken, mich zu verheiraten!

*20* Die Leute kommen alle nicht zu sich. Ich kann ihnen das nachfühlen. Ich komme auch nicht zu ihnen.

*21* Geistige Leistungen gelten den Leuten nur dann etwas, wenn sie ihr Zustandekommen nicht zu verhindern vermochten. Etwas, das nicht einmal *sie* aufhalten konnten, muß, denken sie, etwas wert sein. Und damit haben sie auch recht.

*22* Die meisten Kollektivisten streben das Gemeinwohl nur darum an, weil es ihnen als die sicherste Gewähr für ihr eigenes Wohlergehen erscheint. Während die meisten Individualisten nicht nur *an* den andern und *durch* sie, sondern auch *für* die andern leiden.

*23* Wenn die Leute an jemandem Anstoß nehmen, so ist das meistens die natürliche Folge des Umstands, daß er größer ist als sie.

*24* Manche bilden sich ein, entwurzelt zu sein – und sind doch nur wurzellos.

*25* Den Ehrgeiz, Menschen und Dinge zu durchschauen, haben meistens nur jene, die sie nicht zu schauen vermögen. Sie schauen nichts an und schauen nichts: sie durchschauen. Und tragen triumphierend die Entdeckung heim, daß hinter den Farben und Formen jeglichen Gemäldes die leere Leinwand ist.

*26* Es gibt Missionare des Unglaubens. Ihr mit wahrhaft religiösem Fanatismus vorgebrachtes Gebot lautet: Du sollst nur glauben, was *ich* sehe! – Den Rat, zum Optiker zu gehen, empfinden sie jedoch als Gottlosigkeitslästerung.

*27* Das Mißverständnis ist für das Verhältnis mancher Leute, was das Benzin für das Auto ist. Wenn ihnen die Mißverständnisse ausgehen, so geht auch der Gesprächsstoff zur Neige – und die ganze Beziehung gerät ins Stocken.

*28* Obzwar schon wenig genug Menschen miteinander reden können, so können doch noch weniger miteinander schweigen. Zwischen den meisten entsteht ein Mißverständnis, sobald sie den Mund zutun. (Das heißt, das Mißverständnis zwischen ihnen, über das sie sich durch anhaltendes Reden hinwegtäuschen wollen, tritt in den Pausen in seine Rechte.)

*29* Ein Lump, der sich weigert, von heut auf morgen ein anständiger Mensch zu werden, hat ebensoviel Charakter wie ein anständiger Mensch, der es ablehnt, plötzlich ein Lump zu sein.

*30* Es ist eine merkwürdige Gepflogenheit, denjenigen als Menschenkenner zu bezeichnen, der nichts kennt als die menschlichen Schwächen.

*31* Es gibt Menschen, die ihre Hilfsbedürftigkeit nur durch Helfen überwinden können.

*32* Es ist ein Irrtum, zu glauben, daß einer tief sein müsse, nur weil man ihm nicht auf den Grund sehen kann. Die trübsten Wässer sind die Pfützen.

*33* Er hat nichts zu sagen. Aber da er es in mehreren Sprachen sagen kann, so gilt er als ein gebildeter Mensch.

*34* Er kleidete sich nur in von literarischen Herrschaften abgelegte Gedanken. Manche glänzten: sie hatten nämlich vor lauter Abgetragenheit schon einen Glanz bekommen!

*35* Bei ihm könnte sogar Schizophrenie nur als Unpersönlichkeitsspaltung in Erscheinung treten!

*36* Da er während der Mahlzeit unaufhörlich redete, kam er nicht dazu, seine Speisen zu kauen, geschweige denn zu schmecken und zu genießen, und bot somit den absurden Anblick eines Mannes dar, der sich selbst ständig Sprechhindernisse in den Mund schob, um sie – unwillige und unverständliche Laute ausstoßend und mit den Händen hilflos gestikulierend – in aller Hast durch heftiges Würgen und Schlucken wieder zu beseitigen. Als er die Störungen endlich von seinem Teller entfernt hatte, sagte er: „Mahlzeit!“

*37* Sein Fleiß ist eine Manifestation des Trägheitsgesetzes. Er hat einfach nicht die Kraft und Courage, seine sterile Tätigkeit abzubrechen und sich dem schöpferischen Nichtstun zu ergeben.

*38* Die Zeit hat ihn – wie sollte er Zeit haben?!

*39* Auch dem schlechtesten Menschen unterläuft mitunter eine gute Tat, aber nur so, wie auch der beste manchmal eine Schlechtigkeit begeht: er kann nichts dafür, er hats nicht gern getan!

*40* Sie trugen ihre Meinungsverschiedenheiten miteinander aus, und dabei ergab es sich, daß sie gar keine Meinungen hatten, sondern bloß verschiedene.

*41* Um einen Juristen zu erkennen, gibt es ein einfaches Mittel. Man schreibe das Wort „Vereinsamt“ nieder und verlange, daß er das Geschriebene lese. Der Jurist, der nicht „Vereins-Amt“ liest, dürfte vereinsamt dastehen!

*42* Für die Existenz der Mediziner sorgt, nimmermüde neue Gebresten ersinnend und das Geheimnis der alten hütend, die Allmutter Natur. Schwerer haben es die Juristen. Die müssen sich schon selber ihre Paragraphennetze flechten, um – über die darin Verstrickten streitend – ihren Lebensunterhalt bestreiten zu können.

*43* Unheimlich ist es, einen, der sie verkörpert, überlegen-abschätzig über „die Masse“ sprechen und ihr Dummheit nachsagen zu hören!

*44* Was ihn am Rechthaben verhindert, ist seine Rechthaberei.

*45* *N.N.* Ein Ehrgeizhals.

*46* Die „gute Hausfrau" ist ein Wesen unbestimmten Geschlechts, das in der Überzeugung lebt, der Gebrauch einer Wohnung liege in der Vorbereitung zu deren Gebrauch. Indem sie ständig damit beschäftigt ist, die Wohnung wohnlich zu machen, verhindert sie auf immer ihre Bewohnbarkeit.

*47* Ein Journalist nannte einen andern einen Presstituierten. Es ist eine altbekannte Tatsache, daß Huren, wenn sie aufeinander eine Wut haben, einander Huren schimpfen.

*48* Er ist nicht normal. Das kommt daher, daß er geistig gesund ist.

*49* Sie nannten ihn weltfremd: nicht weil die Welt ihm, sondern weil er der Welt fremd war.

*50* *N.N.* Ein heller Kopf. Aber er kann Fragen nur beantworten, nicht stellen. Er kann andern eine Menge denken – sich nichts.

*51* *N.N.* Er will nicht, was er glaubt, sondern er glaubt, was er will. Ein Rationalist hinter dem Rücken seines Schwärmertums, der sich immer von seiner Vernunft vorschreiben läßt, ob, wann, warum und in welchem Grad er unvernünftig zu sein hat.

*52* Es gibt nicht nur Leute, die ihre Emotionen rationalisieren, sondern auch solche, die ihre Vernunft emotionalisieren!

*53* Sancho Pansa glaubt nur, was er sieht. Don Quixote sieht nur, was er glaubt.

*54* *Biographie.* Sie taten ihm so viel Leid an, daß er sich schließlich ein Leid antat.

*55* Seine periodischen Orgien dürften die verzweifelten Versuche der Natur sein, seinen seelischen Organismus von den Giften der Respektabilität zu reinigen, die sich im Laufe seiner nüchternen Perioden in ihm ansammeln.

*56* Sie schlüpft in ihr Auto wie in ein Kleid – und wahrscheinlich aus dem gleichen Motiv.

*57* Nirgends fühlt der Amerikaner sich so geborgen wie in seinem Auto. Es ist für ihn ein Mutterleib auf Rädern.

*58* Die deutschen Bildungsphilister, die da immer so stolz behaupten, daß sie „ihren Goethe" kennten, wissen gar nicht, wie recht sie haben. Was sie kennen, ist schon „ihr" Goethe – und den können sie auch haben!

*59* Der Herr Meier hat einen Fettbauch und ein Doppelkinn, und was immer er auch ißt, Knackwurst oder Kaviar, zarte Spargelköpfe oder grobes Selchfleisch mit Kraut, verwandelt sich in ihm zu Fettbauch und Doppelkinn. Die naheliegende Frage, ob sein geistiger Organismus sich ebenso verhalte, muß leider bejaht werden. Führe ihm die Symphonien Beethovens als Nahrung zu oder den letzten Operettenschmarrn, die Lehren Buddhas oder den Leitartikel seiner Tageszeitung – er wird es zur Auspolsterung seiner zwei Weltanschauungssätze verarbeiten, die sein Geist bis dato noch aus allem, was in ihn einging, produziert hat: daß das Leben beschissen ist und die Juden dran schuld!

*60* Die Deutschen können es weder vertragen, von einem fremden Staat unterdrückt, noch von ihrem eigenen nicht unterdrückt zu werden.

*61* Der Hauptgrund dafür, daß die Juden sowohl in der kapitalistischen wie in der marxistischen Theorie und Praxis eine prominente Rolle spielen, ist, daß diese zwei Systeme die aussichtsreichsten Versuche des modernen Menschen darstellen, sich von der Unterdrückung durch seine Mitmenschen zu befreien. Kapitalismus ist – theoretisch – die individuelle Lösung, Marxismus – theoretisch – die kollektive. So viele Einwände es auch gegen jede von beiden gibt, so ist es dennoch kein Wunder, daß die Juden, die sowohl der individuellen wie der kollektiven Unterdrückung am längsten und bittersten ausgesetzt waren (und die in ihrer Mehrheit, genau wie die Mehrheit aller anderen Individuen und Gruppen, überpersönliche Ideale und Ziele aus persönlichen Motiven heraus verfolgen), ihre Vorposten und Partisanen an beiden Fronten haben.

*62* *N.N.* Ein Exhibizionist.

*63* Das größte Privatvergnügen für einen Wiener Wachmann ist es, ein öffentliches Ärgernis nehmen zu können!

*64* Wer mir auf die Frage nach seinem Ergehen die Antwort gibt: „Man lebt“, ahnt gar nicht, mit welchem Bedauern mich in seinem Fall diese Tatsache erfüllt!

*65* *N.N.* Er braucht sich wenigstens nicht zu verstellen, um sich nichts wissen zu machen!

*66* Wenn es bloß gedungene und bezahlte Schurken auf der Welt gäbe, dann müßte man wahrhaft verzweifeln. Aber zum Glück gibt es immer noch ein paar Idealisten, die eine Gemeinheit um ihrer selbst willen begehen!

*67* Es gibt Philanthropen, die in ihrem Drang, die Menschheit glücklich zu machen, die Bitte eines einzelnen Menschen, ihm zu helfen, als zu bescheiden abschlagen.

*68* Der Spießer, nur mit seinen eigenen Sorgen beschäftigt, ist zu phantasiearm, um von fremdem Leid berührt zu werden. Man muß ihm die Nase daraufstoßen. Ich versuchte es. „Au!“, rief er, „meine arme Nase!“

*69* Um es gesellschaftlich zu etwas zu bringen, braucht man nicht weise zu sein. Nur beziehungsweise.

*70* Es ist schon wahr, daß er seine Überzeugungen niemals verkauft hat. Aber das rührt nur daher, daß sich bis jetzt noch niemand fand, der ihm einen Preis dafür geboten hätte.

*71* Man hat anscheinend wirklich nur mehr die Wahl zwischen Menschenunkenntnis und Unmenschenkenntnis!

*72* A nahm dem B die Existenz, worauf B sich das Leben nahm. Was den A im Grunde genommen zu B's Selbstmörder macht.

*73* Die Leute, die man die Stufen einer Rolltreppe hinauflaufen sieht, während diese sie nach oben befördert, sind unserer Zivilisation so faltenlos angepaßt und so typisch für sie, wie die Bruchteile der Sekunden, aus denen ihr armseliges Dasein zusammengehetzt ist – wie die gespaltenen Atome, aus denen ihre gespaltenen Unpersönlichkeiten bestehen. Sie symbolisieren den modernen Menschen in Konkurrenz mit dem Mechanismus, den er, sich zu Diensten, erfand: könnten sie einen Aufzug nach oben schieben, während er sie in die Höhe zieht, so täten sie es ohne Bedenken; sie haben nichts dagegen, auf unbequeme Weise an kein Ziel zu gelangen, vorausgesetzt nur, daß dies in rapidem Tempo geschieht. Sie verkörpern den Fortschritt im Laufschritt, sie sind die Vorläufer, die Voraufläufer einer Entwicklung, in welcher der Mensch sich im Abbild der Maschine erschaffen wird, sie sind die Probe-Exemplare einer neuen Spezies, ungeduldige Fertigwaren auf dem laufenden Band der Zeit, sie sind in Entmenschung begriffene Menschen – die Unebenbilder Gottes auf Erden!

*74* Je mehr die Maschinen sich vermenschlichen, desto mehr vermaschinlichen sich die Menschen.

*75* Wenn man so durch die Straßen der Stadt geht und die Visagen betrachtet, aufgequollen die einen, ausgezehrt die andern, angefüllt mit Leere oder selbst der Leere schon bar, von keinem Hauch der Natur und des Geistes mehr berührt, sogar den Geschlechtstrieb nur mehr als Geschäftstrieb fühlend – wenn man sie so in ihrer Eile vorbeidefilieren sieht, beinahe schon konsumierte und noch immer konsumierende Konsumgüter der Massenproduktion: dann begreift man die allgemeine Kriegsbereitschaft plötzlich als das letzte Walten der Natur, die dieser Unmenschheit das unbewußte Wissen eingab, das von Bomben Atomisiertwerden sei das einzige, was ihr noch fromme.

*76* Die meisten Menschen sind menschenähnliche Wesen.

## *X. Kunst und Künstler*

*1* Es gibt Leute, die ihr Mangel an Charakter so sehr dazu prädestiniert, berühmt zu werden, daß man direkt ihren Mangel an Talent bedauert, der sie daran verhindert.

*2* Wenn ein Fremdkörper in eine Auster eindringt und sie verwundet, so bildet sich um ihn eine Perle; wenn ein Fremdkörper in einen begabten Menschen eindringt und ihn verwundet, so bildet er darum ein Gedicht, eine Symphonie, ein Gemälde. Der vollkommen gestillte, vollkommen balancierte Mensch erzeugt ebensowenig Kunstwerke wie die unprovozierte Auster Perlen; immer bloß der sehnsüchtige, getretene, nach Harmonie strebende, unter Disharmonie leidende Mensch. Der Unterschied ist nur der: wenn zufällig kein Fremdkörper in den geistig-seelischen Organismus des Künstlers eindringt, so besteht sein erster künstlerischer Zeugungsakt darin, sich diesen produktiven Störenfried selbst künstlich zu erschaffen, sozusagen den Dorn in seinem Fleisch aus seinem eigenen Fleisch heraus zu produzieren!

*3* Die Produktivität mancher Intellektuellen reicht gerade noch hin, ihre Unproduktivität originell zu motivieren.

*4* Diejenigen, die eine vollendete Leistung am bereitwilligsten preisen, verabscheuen meistens am heftigsten die rücksichtslose Härte, mit der das Vollbrachtwerden ebenjener Leistung einhergehen muß.

*5* Die einsamen und unglücklichen Menschen in einem Theaterstück haben wenigstens das weichherzige Publikum, das sie bemitleidet. Die einsamen und unglücklichen Menschen im Leben sind schlechter dran: die sind mit ihren hartherzigen Mitspielern – eben jenem Publikum – allein.

*6* Das erotische Element der Bühne liegt nicht zuletzt darin, daß auf ihr alle die Gefühle exhibitionistisch zur Schau gestellt werden, die man im Alltag voreinander verbirgt. Im Rampenlicht blickt der Neidische tatsächlich scheel, anstatt mitfreudig zu lächeln, und selbst wenn er lächelt, so täuscht er damit höchstens den Partner, aber für das Publikum neidet er à part. Wenn hinter der Rampe einer dem andern einen guten Abend wünscht, so vernimmt auch der Harthörige im Zuschauerraum mühelos alles in diesem Gruß, was er in Wirklichkeit nur selten darin agnosziert: „Ich liebe dich", oder „Ich kann dich nicht ausstehn", „Bleib bei mir", oder „Scher dich zum Teufel". Wie durch einen Zaubertrank verstehen die Zuhörer plötzlich die Sprache zwischen den Worten, die geheimsten Innenleben entblößen sich ihrem Blick, tief schauen sie dem Nebenmenschen in die Mördergrube, und indem der aufgehende Vorhang sie aus Zuschauern zu Voyeuren macht, gewährt ihnen ein Galeriesitz, was sonst nur Beichtvätern und Psychoanalytikern vergönnt ist: Lauscher zu sein an der Seelenwand ihres Nächsten.

*7* In Schauspielerkreisen gilt Charakter als Mangel an Talent, und Erfolg als Mangel an Charakter.

*8* Wenn es bloß *schlechte* Kritiken gäbe, so fiele es den Schauspielern ja leicht, die Kritiker zu verachten und die Manifestationen ihrer Ignoranz zu ignorieren. Aber die *guten* Kritiken – die unumstößlichen Beweise, daß die Kritiker ja *doch* etwas verstehen – die erzeugen in den Komödianten immer jene als Berufskrankheit bekannte unentwirrbare Verwirrung der Gefühle!

*9* Schauspieler sind die einzigen Leute, die mir lieber sind, wenn sie nicht sie selbst sind. Denn wenn ein Schauspieler niemand andern spielt, so spielt er sich selbst – das heißt, er gibt die übertriebene Vorstellung, die er von sich hat.

*10* Ein wirklich guter Schauspieler ist imstande, sogar jene Gefühle zu spielen, die er wirklich empfindet!

*11* Schauspieler und Kulissen haben eines gemeinsam: bei Tageslicht sind sie voll Unzulänglichkeit, voll der Risse, Sprünge, Defekte, grell und fahl zugleich, in allen Maßen verschoben, überflüssig, sinnlos, absurd. Aber am Abend, wenn die Scheinwerfersonnen aufgehn, werden sie plötzlich vollkommen und schön, wahr und lebendig, unter den milden Strahlen des Rampenlichts blüht Verborgenes auf und Sichtbares verschwindet, was uns als Fehler erschien, nun dünkt es uns ein Vorzug, alles falsch Dosierte verwandelt sich in Harmonie, und beglückt erkennen wir als gesteigertes Urbild der Natur, was wir bei anderem Licht als deren Zerrbild belächelt hatten.

*12* *Charlie Chaplin*: Er macht uns über sich lustig, indem er sich über uns traurig macht.

*13* *Greta Garbo*: Ihr Gesicht ist von seelendurchlässiger Substanz. Andere Schauspieler bemühen sich, ihre Gefühle durch ihr Mienenspiel sichtbar zu machen, bei der Garbo ist es immer, als möchte sie sie am liebsten dahinter verbergen. Weil sie es nicht vermag, weil ihr Antlitz kein Schutz ist für ihr Herz, wurde sie Komödiantin. Nur in ihrem Beruf vermag sie aus der Not des Schau-lebens die Tugend des Schau-spielens zu machen!

*14* *Wallace Beery*: ein süßer Kern über einer rauhen Schale.

*15* *Tallulah Bankhead*: Mit Kunst saturierte Sexualität.

*16* *Adolphe Menjou*: ein Salonschlangenbeschwörer.

*17* *Marlene Dietrich*: Natürliches Minus zum künstlerischen Plus gesteigert. Man kann von ihr nicht sagen: Sie hat kein Temperament, oder: Sie kann nicht singen. Sondern höchstens:

Donnerwetter, hat diese Frau eine Temperamentlosigkeit! Und wie sie nicht singen kann – allerhand!

*18* *Alexander Moissi*: Er verwandelte jede Gestalt in sich, zog sich jedem Kostüm an, und seine Rollen gingen immer in ihm auf.

*19* *Elisabeth Bergner*: Ihr dienen die Augen nicht als Einfallspforte der Welt, sondern als Ausfallspforte des Ich. Sie schaut sich aus den Augen. Man hat Angst, daß sie immer weniger wird dabei...

*20* *Max Pallenberg*: Gelegentlich fiel er in seine Rolle. Das waren seine schwächsten Momente.

*21* Ich weiß nicht, wie es kommt, daß mir das Wort „prominent" immer die Verbindung zu dem Wortgefühl „penetrant" herstellt. Ob das damit zusammenhängt, daß ich einmal zur Festspielzeit in Salzburg war?

*22* Salzburg zur Festspielzeit: die Stadt der Promintern.

*23* Es ist bemerkenswert, wie behende sich im Verlauf der Salzburger Festspiele die ausländischesten Schmöcke in Salzburger Schmockerln verwandeln!

*24* Die Zuhörer erfüllen dem Redner gegenüber die Funktion von Lautsprechern: sie verstärken seine Stimme um den Intensitätsgrad der Emotionen, die er in ihnen erweckt; wobei der emotionale Intensitätsgrad des Einzelnen in einer Menge seinerseits wieder eine mysteriöse Größe ist – die massenpotenzierte Normalreaktion von Individuen, die einander als Identitäten und damit als Hemmungsträger aufheben und, ihre Erregungen miteinander multiplizierend, also zum psychologischen Phänomen des Publikums werdend, eine synthetische, nicht nur quantitativ, sondern auch qualitativ völlig neue Empfindungskategorie produzieren.

*25* Eine wahrhaft heitere Natur verlangt nach einer gewissen Quantität von Tragik in Lektüre und Unterhaltung – gemäß den Gesetzen der seelischen Diätetik. Das ständige Bedürfnis nach Komik, nach „leichter" Literatur und Zerstreuung verrät, wie ein unaufhörlicher Juckreiz, ein tiefersitzendes Unbehagen und eine verborgene Störung.

*26* Lesen an sich ist ebensowenig eine Tugend wie Gehen an sich. Es hängt immer alles davon ab, wohin man geht und liest, und wo man ankommen will. Der gute Leser erwartet von den Gedanken des Autors Anregung seiner eigenen und hat sein Leseziel erreicht, wenn er zu lesen aufhört und zu denken beginnt. Der schlechte Leser hofft, daß die Gedanken des Autors seine eigene Gedankenlosigkeit übertönen würden. Für jenen bedeutet Lesen ein Nahrungs- und Genußmittel, für diesen ein Betäubungsmittel und Rauschgift.

*27* Mancher Schöngeist, der so tut, als ob die Literatur der Bibliophilie wegen da wäre, entpuppt sich ebendadurch als ein Bibliophilister!

*28* Man ist zu häufig geneigt, ein Buch für die gute Sache für ein gutes Buch für die Sache zu halten!

*29* Gut lesen heißt: nachschöpfen. Es ist nur dort möglich, wo die schöpferische Kraft des Autors auch im Leser latent vorhanden ist. Woraus folgt, daß jeder Leser nur gewisse Bücher gut lesen kann, nämlich jene, die er potentiell selbst hätte schreiben können. Daher stammt auch das seltsam erhobene Gefühl in seiner Brust, das ihn beim Lesen ihm innerlich zugehöriger, ihm „aus der Seele geschriebener" Bücher überkommt – ein Gefühl, das dem des Autors, der das Werk unter seinen Händen wachsen sieht, oft an Intensität kaum nachsteht. Denn beide erleben die identische, mit nichts vergleichbare Lust des

Schöpferischseins. Der gute Leser fühlt: „Ich wollte, *ich* hätte das geschrieben!" – ohne zu ahnen, wie nahe die schöpferische Tat seines Lesens ihn der Erfüllung dieses Wunsches gebracht hat.

Anderseits sind Bücher, die wir nicht akzeptieren (d.h. assimilieren) können, die uns statt aus dem Herzen über den Kopf geschrieben sind oder wider den Strich gehen, solche, in denen Gedanken und Gefühle zum Ausdruck gebracht werden, die uns zu hoch sind, oder nicht hoch genug, die wir nicht in uns haben, die unsrem Organismus fehlende Bestandteile enthalten – chemische Grundstoffe, mit welchen unsere Wesenselemente keine Synthesen eingehen können. Derartige Bücher können wir, da wir uns mit ihren Autoren im Schöpfungsakt nicht zu identifizieren vermögen, nicht gut lesen – wenn überhaupt.

*30* Der schlechte Leser beendet ein Buch. Der gute vollendet es.

*31* Ein Buch „ausgelesen" haben? Das kann nur passieren, wenn entweder das Buch oder der Leser nichts taugt.

*32* Jeder Boden enthält mannigfache Nährstoffe, aber die in ihm wurzelnden verschiedenartigen Pflanzen entnehmen ihm stets nur bestimmte und verschmähen andere, gemäß ihren organischen Bedürfnissen. Jedes Buch enthält mannigfache Inhalte, aber die individuellen Leser entnehmen ihm stets nur, was sie zu absorbieren vermögen und was zur Zeit für ihren seelischen und geistigen Metabolismus nötig ist. Die nahrhaftesten Bücher sind jene, zu denen man in verschiedenen Lebensaltern zurückkommen kann, um die Substanzen in sich aufzunehmen, für die man früher noch nicht aufnahmebereit gewesen war.

Aus demselben Grunde glaube ich nicht an die Existenz von Büchern, die für die Jugend „gefährlich" sein sollen. Inhalte, die mit den geistig-emotionalen Bedürfnissen junger Menschen unvereinbar sind, werden einfach übergangen und bleiben unbeachtet und unkonsumiert. Anderseits werden jedoch diese selben jungen Leute die „schädlichen“ Bestandteile im Erdreich der Literatur – wie in dem des Lebens – zu finden und sich anzueignen wissen, sobald sie das Verlangen nach ihnen in sich verspüren – und zwar auch dann, wenn jene Ingredienzen in bloß minimalen oder gar nur eingebildeten Mengen vorhanden sind. Denn der geistige Organismus hat mit dem physischen die Fähigkeit gemeinsam, durch chemische Veränderungen der verfügbaren Substanzen sich die Stoffe, deren er bedarf, synthetisch selbst zu erzeugen.

*33* *Das größte Kompliment für einen Autor*: Nachdem ich sein Buch gelesen hatte, fühlte ich das Verlangen, mich kennenzulernen.

*34* Die Herausgeber literarischer Anthologien spielen gewöhnlich die Rolle der Gastgeber, um sich unauffällig unter die Gäste mischen zu können.

*35* Die Kenntnis des Originals, speziell in der Poesie, Philosophie und Aphoristik, erleichtert es den Übersetzern sehr, ihre Übersetzungen zu verstehen. Leider vergessen sie allzuoft, daß ihre Leser nur selten denselben Vorteil genießen!

*36* Daß ein Buch, das nur den Wenigen zugänglich ist, nicht auch die Vielen erreicht, ist klar. Aber wie steht es im umgekehrten Fall? Wenn ein Buch die Vielen erreicht – erreicht es damit auch die Wenigen? Sind, mit anderen Worten, die Wenigen ein Teil der Vielen, oder eine Separatheit? Und wie viele der Wenigen mag man wohl durchschnittlich unter wie wenigen der Vielen finden?

*37* Ein entliehenes Buch hat niemals denselben Inhalt wie ein eigenes. Höchstens denselben Text.

*38* Die Bände in einer Leihbücherei stehen dir zu Diensten wie die Weiber in einem öffentlichen Haus; die Bücher in deiner Bibliothek wie die Frauen in einem privaten Harem. Eine Bibliothek besitzen heißt Bibliopolygamie treiben.

*39* Bibliothek: das Resultat einer Kettenreaktion, die von dem ersten Band, den man ersteht, ausgelöst wird.

*40* Eine Bibliothek, also eine aus Vielheiten bestehende Einheit, kann man ebensowenig derivativ erwerben, wie man einen Freundeskreis erheiraten, ererben oder sonstwie durch familiäre oder gesellschaftliche Anschlüsse sich aneignen kann. Man vermag ihrer mittels der genannten Methoden wohl habhaft zu werden, nicht aber teilhaft. Teilhaft werden kann man Bücher wie Menschen nur auf originärem Wege und durch zweiseitige Akte – also im gegenseitigen Einverständnis.

*41* Es gibt kein gemeinsames Eigentum an Büchern – lediglich einen gemeinsamen Besitz von Bänden.

*42* Ich kann nie eine Bibliothek betreten, ohne zu fühlen, daß meine Unwissenheit die Bände spricht, aus denen sie besteht!

*43* Ein schlechtes Buch, mit Gusto verschlungen, ist nahrhafter als ein gutes appetitlos konsumiert.

*44* Der Durchschnittsleser klebt am Sinn und erfaßt den Buchstaben nicht.

*45* Ein gutes Buch bedarf als des letzten organischen Bestandteils zu seiner Vollendung eines guten Lesers. Deswegen wurden manche Werke erst nach Jahrhunderten zu Kunstwerken.

*46* Ein gutes Buch ist eines, das zum Denken anregt. Da eine Gedankenlosigkeit jedoch fast immer mehr Gedanken in mir wachruft als ein Gedanke, so ergibt sich, daß für mich ein schlechtes Buch weit öfter ein gutes Buch ist als ein gutes!

*47* Bücher, die uns nicht stets von neuem das Lesen beibringen, haben ihre Mission nicht erfüllt.

*48* Da er schnell und viel liest, hält er sich für einen guten Leser. Seine Fertigkeit im Fertigwerden rührt jedoch daher, daß er sich beim Lesen entweder überhaupt nichts denkt, oder doch nur die auf dem Papier befindlichen Gedanken nachdenkt. Ich aber muß seinen Kriterien gemäß wohl als ein miserabler Leser gelten, denn da mich ein gelesener Gedanke zumindest zu zehn und eine gelesene Gedankenlosigkeit gewöhnlich zu zwanzig eigenen Gedanken anregt, so komme ich nicht vom Fleck (obschon weiter) und muß mich nach vielen Wochen und wenigen Seiten oft nur darum zur „Beendigung" eines Buches zwingen, weil ich einsehe, daß mir zu seiner Nichtbeendigung einfach die Zeit fehlt!

*49* Die Gedanken eines Autors nachdenken, das ist keine Kunst. Aber *den* Gedanken eines Autors nachdenken – also denen, die er sich gemacht hat, als er jene schrieb, und über sie hinaus: das allein heißt lesen!

*50* Lektüre: die Übersetzung eines Autors in einen Leser.

*51* Er hatte den Ehrgeiz, das Leben zu Papier zu bringen. Aber das Leben entzog sich dieser Prozedur dadurch, daß es an ihr starb.

*52* Sein Stil leidet an progressiver Paraphrase.

*53* Über das neueste Werk des historischen Romanciers läßt sich nur sagen, daß er einer gesunden Lesefrucht genas.

54 *Kein* Vergnügen an der Pornographie finden, von Eunuchen, Moralisten und Heuchlern abgesehen, nur jene phantasielosen Materialisten, für die das Sexuelle nichts bedeutet als eine physiologische Funktion. Von der Erotik, der geistigen Komponente der Sexualität, wissen sie ebensowenig wie davon, daß zwischen sogenannter erotischer und sogenannter pornographischer Literatur – vom *Hohen Lied*, von *Lysistrata* und der *ars amandi* zu Boccaccio und Rabelais, von Maupassant und Balzac und Rimbaud zu Frank Harris und den *Memoiren der Fanny Hill* – bloß qualitative Unterschiede bestehen, nicht aber wesensmäßige, wie die im Laufe der Literaturgeschichte heftig schwankenden Urteile bezeugen. Im allgemeinen werden die literarisch wertvollen Werke der Gattung als „erotisch" bezeichnet und die literarisch wertlosen als „pornographisch" – was die Beantwortung der Frage, ob Pornographie etwas Gutes oder etwas Schlechtes sei, mit vollem Recht davon abhängig macht, ob die Pornographie, um die es sich handelt, gute oder schlechte Pornographie ist. Eines steht jedoch fest: daß allein im sexuellen Wort sich noch immer die ursprüngliche Wortmagie in ihrer alten Kraft und Frische bewährt; daß nur noch das obszöne Wort die Potenz besitzt, den Teufel zu beschwören, indem es ihn nennt, indem es ihn, Verboten und Tabus zum Trotz, an die Wand unseres Bewußtseins malt. Während alle andern Worte zu bloßen Symbolen geworden sind, ist die geschriebene und gesprochene Obszönität noch immer das Ding an sich: das sexuelle Wort *ist* ein sexueller Akt. Und Pornographie wird in ihrer zeitunbeschadeten Fähigkeit, selbst in mittelbaren Darstellungen unmittelbare Sensationen in uns zu erregen, als eine der „Mütter" der Literatur erkennbar – als vielleicht die letzte, die noch fortwirkend lebendig ist.

55 Große Geister sind wie Sonnen: was sie berühren, sprüht in hundert Farben – in Harmonien und Dissonanzen. Kleine Geister dagegen gleichen Kerzen: sie überziehen alles, was in ihren Flackerkreis tritt, mit einem eindeutig fahlen und monotonen Schimmer.

56 Gerade bei großen Naturen gibt es keine Widersprüche. Was so erscheint, sind bloß die an den Dingen vielfärbig gebro-

chenen Strahlen eines an der Quelle einfarbigen Lichts. Spruch und Widerspruch sind Komplementärfarben, die sich in größerer Distanz stets zur Harmonie der Helligkeit vereinen.

*57* Warum sollte die sogenannte Wirklichkeit in der Kunst von Bedeutung sein? Unsere seiende Realität ist ja doch nur eine von tausend möglichen, und die schöpferische Tat des Künstlers besteht ebendarin, die möglichen Wirklichkeiten aus der Erstarrung in der wirklichen Wirklichkeit zu erlösen.

*58* Das natürliche Verhältnis von Inhalt und Form ist nicht das von Flüssigkeit und Gefäß, sondern von Wasser und Eis: nicht also von zwei verschiedenen Materien, sondern von ein und derselben in verschiedenem Aggregatzustand. (Was natürlich ebenso von Geist und Körper gilt.)

*59* Formlosigkeit möchte sich uns oft gerne als Informalität aufschwatzen, hat aber damit kein Glück: denn Informalität ist ein hoher Grad von Form.

*60* Eine falsche Kunsttheorie ist dadurch gekennzeichnet, daß ihre Darstellung überzeugender wirkt als die Kunstwerke, in denen sie resultiert.

*61* Gib ihnen einen unverständlichen Autor, und sie werden um seine Dunkelheiten schwärmen wie die Nachtfalter ums Licht. Eine der möglichen Erklärungen für dieses Phänomen ist die Herausforderung zur Lösung, die jedes Rätsel darstellt und die den Urgrund bildet für die elementare Anziehung alles Mysteriösen und Änigmatischen auf den menschlichen Geist, sowie für den Hang (um nicht zu sagen Zwang) des Geistes, selbst dem Sinnlosen Sinn geben zu wollen. Da es freilich unmöglich ist, mit Sicherheit festzustellen, ob etwas sinnlos an sich ist, oder sinnlos nur für den jeweiligen Betrachter (denn „ich kann nichts darin finden“ bedeutet immer entweder: „es ist nichts da“, oder: „meine Augen sind nicht scharf genug, um was da ist, wahrzunehmen"), so reagieren die meisten Leute wie die Untertanen in Andersens profundem Märchen von des Kaisers neuen Kleidern: keiner hat den Mut, einzugestehen, daß er, zu Recht oder Unrecht, nichts von dem vielgepriesenen Wunder bemerkt. Die meisten haben nicht einmal den Mut oder die Einsicht, sich selbst dies einzugestehen. Denn einerseits führt die universelle Disposition zur Selbstbezweiflung zum willigen Hineinfallen auf jeden mit Sicherheit vorgetragenen Bluff; anderseits schützt auch der Verdacht, daß Soundso ein Snob sei, noch nicht vor dem eigenen Snobismus; und drittens ebnet nichts so sehr den Weg zur Selbsttäuschung wie unser wirklicher oder eingebildeter Erfolg im Täuschen anderer.

Nun ist es zwar evident, daß Kunst weder leicht verständlich noch leicht verdaulich ist, und nicht alles Schwerverdauliche und Schwerverständliche Schwindel. Wahre Kunst bedeutet mehr und mehr für wenigere und wenigere, in dem Maße als sie, sich uns enthebend, uns auf immer höhere und engere Spiralebenen erhebt. Aber der Unterschied zwischen Kunst und Kunstschwindel liegt eben darin, daß Kunst immer profund ist, und klar obschon tief, und der Schwindel bloß apart garniert, und trübe obschon seicht. Darum auch lassen Kunstwerke die Fexe und Fasler in der Regel kalt, während die Talmikunstwerke und die blauen Phrasendünste, die sie vor sich machen, eine unwiderstehliche Anziehungskraft auf die Liebhaber alles Obliquen und Preziösen ausüben.

Eine große Rolle in dieser Faszination spielt allerdings der Spielraum selbst, den das Vage der Interpretation gewährt. Jede Auslegung ist im Grunde eine Hineinlegung (was im gegenwärtigen Fall im Doppelsinn des Wortes gilt), und da jede rein subjektive Interpretation mit jeder andern subjektiven Interpretation gleichwertig ist, sich über jede streiten, aber keine bestreiten läßt, so können sich natürlich die schöpferischen Instinkte und die nach Originalität suchende Phantasie der Empfänger nebuloser Eindrücke ungehemmt ausleben. Das aber bedeutet, daß das künstlerisch untaugliche Objekt das tauglichste ist für die Erweckung des Schöpferischen in den Sterilen; daß Schriftgelehrte, die einander ihre Findigkeiten abspitzen, solcherart zu immer feineren Spitzfindigkeiten gelangen können; daß Professoren, indem sie Lyriker sezieren, sich Prestige erschreiben können und Literaturwissenschaftler durch den Scharfsinn, mit dem sie dem Unsinn einen Sinn abzugewinnen wissen, zu Autoritäten werden.

Das Klare eignet sich zu alldem nicht. Wenn der Autor selbst sagt, was er meint, was bleibt da den Explikatoren zum Explizieren übrig? Solch ein naiver Autor ist denn auch uninteressant und unverwertbar, sowohl für die akademische Welt wie für die snobistische. Beide betrachten ihn als einen Simpel, von dem nichts zu holen ist, der passé ist, bevor er noch richtig begann, einen Egoisten, der sich auf eigene Faust verständlich machen möchte, einen Würgengel ungeborener kritischer Werke, einen Saboteur der Literaturgeschichte, einen Neidhammel, der's den Geistreichen nicht vergönnt, ihren Geistreichtum coram publico zur Schau zu stellen, einen Gesellschaftsspielverderber – kurz, einen Epigonen ohne Bedeutung und Zukunft.

Auf solch solider psychologischer Basis finden nun die betrügerischen Spekulationen der Dunkelmänner auf den Ehrgeiz akademischer Im-Trüben-Fischer und die Urteilslosigkeit und Meinungsmimikry des Publikums statt. Auf dieser Basis wird die Dringlichkeit proklamiert, die Sprache der Poesie in Töne aufzulösen, Gedichte nach wissenschaftlichen Prinzipien zu konstruieren und musikalische Kompositionen auf Grund mathematischer Formeln, auf daß zum Selbstausdruck der Künstler komme, was zu kommunizieren sie hochmütig verschmähen; auf daß es ihnen gelinge, ihre abstrakten Gedanken in Stein zu meißeln und die bewußt unterbewußten Symbole ihrer erkünstelten Träume auf die Leinwand zu transferieren.

Sie belächeln das Philistertum, das sie belächelt, merken aber nicht, daß ihre Anhänger hauptsächlich aus Philistern bestehen: nicht den primitiven und gradlinigen, die es noch nicht wagen, die Dinge beim Namen zu nennen, sondern jenen esoterischen und komplizierten Spießerpionieren, die es bereits nicht mehr wagen, das Nichtvorhandensein eines Dings beim Namen zu nennen; nicht den Reaktionären, die in sturer Opposition zu allem Neuen stehen, sondern den genauso stupiden Avantgardisten des Philisteriums von morgen, die darauf dringen, daß Kunst sich der Symbole der Nuklearphysik bediene (oder zumindest so tue), sich jeglicher Emotionen enthalte und ungereimt sei. Tief innerlich davon überzeugt, daß etwas, das ihnen verständlich ist, aus ebendiesem Grund nichts taugen könne und daß alles, was ihnen zu hoch ist, ipso facto tief sein müsse, kommen sie nie zu der Erkenntnis, um wieviel leichter es doch ist, in den blauen Nebeln des Nichts herumzutappen, im Vagen zu jagen, im Dunkeln zu funkeln und Schlüssel zur Entzifferung öffentlicher Geheimschriften zu konstruieren, als die Rätsel hinter dem Offenbaren zu ahnen und das Transzendentale hinter dem Transparenten!

*62* Manche glauben, alles, was eine Kunst ist, sei darum schon Kunst. Kunst aber kommt nicht von „können", sondern von „sein".

*63* Der Seiende hat keine Zeit zum Gelten, der Geltende keine zum Sein. Das erweist sich am deutlichsten, wenn ein Künstler in die „Gesellschaft" eingeführt wird. Die ihr angehören, bestaunen seine Unscheinbarkeit, er ihre Scheinbarkeit.

*64* Vom Hammer des Schicksals getroffen werden alle; aber nur die Künstler geben unter den Schicksalsschlägen Funken.

*65* Der Künstler ist ein Mensch, der früher reif wird als andere und später Maturität erlangt.

*66* Das tiefste Motiv für die Erschaffung jedweden Kunstwerks ist die irrationale Sehnsucht des Künstlers, sein Ableben zu überleben.

*67* Der Glaube an eine bessere Nachwelt, an ein besseres Diesseits sozusagen, ist das Bekenntnis einer rührenden Naivität. Denn wer auf die Nachwelt baut, vergißt, daß die Mitwelt, die ihn enttäuscht, ebenjene Nachwelt ist, auf welche die Vorweltschmerzler ihre Hoffnungen gesetzt hatten.

*68* Der Schriftsteller, der über das Werk, an dem er arbeitet, spricht, hat keine erotische Beziehung zu ihm. Jedes Liebesverhältnis fürchtet mit Recht, in seiner Heiligkeit verletzt zu werden, wenn es ins Gerede der Leute kommt.

*69* Zwei Faktoren bestimmen die Qualität eines Künstlers: das Ausmaß von Chaos, das er in sich hat, und seine Fähigkeit, es zu formen. Denn ein Künstler ist ein Mann, der das Mikrochaos in seiner Brust in den Mikrokosmos seines Werkes verwandeln kann.

*70* Das Genie: eine Begabung, die sich weder durch Lob, Tadel oder Indifferenz daran hindern läßt, sich bis an ihre äußersten Grenzen zu entwickeln. (Woraus sich die Seltenheit des Genies erklärt.)

*71* Das Talent spielt mit dem Feuer; das Genie wird von ihm verzehrt.

*72* Das Genie verkörpert das rare Gelingen in den zahllosen Experimenten, die die Natur anstellt, um Vollkommenheit zu erzielen. Es allein zählt in den Augen des Experimentators, alle übrigen Individuen sind bloße Skizzen für das eine fertige Gemälde, verworfene Versionen des einen geglückten Gedichts – und dennoch unerläßliche Voraussetzungen für dessen Zustandekommen.

*73* Manche Leute anerkennen das Genie nur darum, weil es ihnen als Vergleichsobjekt die Möglichkeit bietet, alle aufstrebende Bemühung aussichtslos erscheinen zu lassen. Für sie ist das Gewordene lediglich ein Mittel zur Abtreibung des Werdenden.

*74* Das Talent versucht das Schwierige. Das Genie vermag das Einfache.

*75* Die Entdecker von Genies haben gewöhnlich eine übertriebene Vorstellung von ihrer Wichtigkeit. Denn ein fürs Entdecktwerden reifes Genie entdeckt seinen Entdecker mit derselben Verläßlichkeit, mit der ein zur Liebe reifes Mädchen seinem Liebhaber „begegnet".

*76* Das Werk eines Künstlers wirkt immer persönlich, das Werk eines Dilettanten immer privat.

*77* Der Künstler vermag selten alles auszudrücken, was er fühlt; der Dilettant stets mehr.

*78* Man kann der Presse deswegen so schwer eine Lüge nachweisen, weil ihr Wirken darin besteht, die Lügen, die sie erfindet, ebendadurch zu Tatsachen zu machen.

*79* Ich weiß nur, was nicht in der Zeitung steht.

*80* Aufschlußreicher über den Stil eines Schriftstellers als der Satz, den er schreibt, wäre es, die Wendungen zu wissen, die er zu schreiben verschmähte.

*81* Manchmal empfinde ich die endgültige Eliminierung eines Satzes, mit dem ich mich vergeblich geplagt hatte, als einen nicht minder schöpferischen Akt als das endgültige Niederschreiben eines gelungenen.

*82* Ich schreibe, wie ich mich rasiere, wieder und wieder dieselben Partien bearbeitend, schabend und glättend – nur um direkt unter meiner Nase stets neue Rauheiten zu entdecken!

*83* Der Temperaturunterschied zwischen der glühenden Sonnenmasse und den behaglich wärmenden Sonnenstrahlen versinnbildlicht die Verluste an Wärme und Intensität, die ein Kunstwerk auf der Strecke zwischen Schöpfer und Empfänger erleidet. Gleich der Sonne muß auch der Künstler glühen, um seinem Werk eine wenn auch nur geringe Wärmkraft zu verleihen.

*84* Der Spießer spuckte auf den Künstler und ärgerte sich: „Wo ich hinspucke, ist so ein Kerl!"

*85* Perlen können nicht dadurch entwürdigt werden, daß man sie vor die Säue wirft – gerade *weil* die Säue nicht erkennen können, daß es Perlen sind!

*86* Ein Reformer ist, wer eine erträumte Welt verwirklicht; ein Dichter, wer sich die wirkliche erträumt.

*87* Der Wissenschaftler erklärt die Wirklichkeit. Der Künstler erschafft sie.

*88* Der Historiker ist altgierig. Der Künstler neugierig.

*89* Was so viele Wissenschaftler nicht zu wissen scheinen, ist, daß „formulieren" von „Form" kommt.

*90* Die Werke eines Künstlers: Siegesmale in dem ewigen Kampf gegen die Legionen innerer und äußerer Widerstände. Die Niederlagen, die Abortionen, die Fehl- und Totgeburten – die Massengräber von Hoffnungen und Plänen sind meistens gar nicht zu zählen.

*91* Die zwei größten Gefahren für den Künstler heißen: Erfolglosigkeit und Erfolg.

*92* Eitelkeit nährt sich von zu geringer Anerkennung.

*93* Tadel bewahrt uns vor jenem Allzudemütigwerden, zu dem das Lob uns verleiten könnte!

*94* Merkwürdig, daß der Dichter, der anders ist als die andern, dennoch am besten verstehen kann, was sie bewegt – und vielleicht ebendarum. Er sieht sie klarer, als sie sich selber sehen, da er ihnen zugleich näher und ferner ist als sie sich selber. Denn sein Anderssein ist wahrscheinlich nur gesteigertes Sein an sich, gesteigertes Selbstsein und daher gesteigertes Siesein, das es ihm ermöglicht, sie – weil sich – zu begreifen.

*95* Jeder bedeutende Schriftsteller hat im wesentlichen nur ein Thema. Seine Werke sind dessen reifende Variationen.

*96* Ob ein Kunstwerk gut oder schlecht ist, hängt nicht so sehr davon ab, wie weit über oder unter dem Niveau anderer zeitgenössischer Produktionen es steht, als davon, wie nahe es seiner eigenen immanenten Idee, seiner potentiellen Vollkommenheit kommt und zu welchen Grad es dahinter zurückbleibt.

*97* Es ist der Rest von Unvollkommenheit, der einem Kunstwerk Wirkung verleiht, weil er aus passiven Betrachtern Mitschöpfer und Vollender macht. Das Fehlerlose und Komplette dagegen verhindert den Prozeß der produktiven Identifikation, ermöglicht dem Publikum nichts als Bewunderung von außen und läßt es daher kalt. – (Auch Weiber sind Kunstwerke: die vollkommenen finden Anbeter, die fehlerhaften und ergänzungsbedürftigen aber Liebhaber.)

*98* *Hermann Hesse*: Unter seinen Worten wird das Papier, auf dem sie stehen, wieder zum Baum, der es war.

*99* *Peter Altenberg*: Er hat es im Leben zu nichts gebracht. Aber das Leben es zu etwas in ihm!!

*100* *Alfred Polgarsche Skizze*: eine Miniatour de force.

*101* *Karl Kraus*: Er war so groß, daß er sogar den Kleinen gewachsen war.

*102* Inhalt der „Fackel“: Das rechte Wort zur unrechten Zeit.

*103* Satire: ein Stück Unnatur, gesehen von Karl Kraus.

*104* *Karl Kraus*: Er haßte diejenigen, die er nicht lieben konnte – ebendafür.

*105* *Nachruf auf Karl Kraus*

Die Sprache war ihm gegeben.
Er gab sich der Sprache hin.
Nun, da er die Sprache verlor,
hat ihn die Sprache verloren.

*106* Bedeutende Menschen gleichen Sternen: manchmal erreicht ihr Licht uns erst, wenn sie selbst schon erloschen sind.

# *XI. Aus der Luft gegriffen*

## *1 Parabel*

„Die Zeit geht nach", sagte die Uhr, die vorging. „Sosehr sie sich auch beeilt, sie kann mich doch nicht einholen!"

## *2 Spiegelbild*

Eine Fliege prallt mit dem Kopf gegen einen Spiegel. Das bedeutet, daß sie räumliche Vergangenheit für räumliche Zukunft hielt und sich wundstößt an der raumlosen Gegenwart.

## *3 Morgengrauen*

Das Läuten des Weckers biß wie ein Peitschenhieb in die schlafwarme Epidermis seines Bewußtseins und hinterließ dort eine Strieme, die sich langsam rötete und anschwoll und zwischen seiner Stirn und der warmdunkeln, innig schützenden Polsterhöhle im metallischen Zucken des Weckeruhrtickens zu pulsieren und schmerzen begann: das Morgengrauen war angebrochen.

## *4 Wahrsagerei*

„Die Handhabung der modernen Kriegswaffen wird euch bald in Fleisch und Blut übergehen!" – so sagte, laut einem treuherzigen Zeitungsbericht, ein deutscher Offizier in einer Ansprache an seine Rekruten.

## *5 Samenbüchse der Pandora*

„Wie herzig!" riefen sie entzückt, indem sie das unschuldige Babyköpfchen streichelten – ohne den geringsten Verdacht, merkwürdigerweise, daß das Objekt ihrer zärtlichen Berührung eine kleine, aber bereits wohlgefüllte Büchse der Pandora sein könnte...!

## 6 *Nachruf*

Der Schurke ist gestorben. Das einzig Unnatürliche an seinem Tode war, daß es ein natürlicher Tod gewesen ist, dessen er starb. Aber mein Gerechtigkeitsgefühl sagt mir, daß der Natürliche Tod eine Hinrichtung an ihm vorgenommen hat!!

## 7 *Abschiedsgruß*

„Leben Sie wohl!“ sagte der Verteidiger, als er nach erfolgter Urteilsverkündigung von dem zum Tode Verurteilten Abschied nahm.

## 8 *Durchreise*

Als er die alten Gegenden wiedersah, hatte er das Gefühl einer entfernten Bekanntschaft. Und er erkannte, daß er in diesem Ausdruck, in der Verbindung dieser zwei Begriffe, nicht allein den Grund für sein gegenwärtiges schmerzliches Entzücken gefunden hatte, sondern die geheime Formel für die Magie aller Dinge, Bilder und Menschen: die Überblendung des Bekannten mit dem Neuen, die Spannung zwischen Nähe und Ferne, die Familiarität des Fremden – und dennoch die letzte stete Fremdheit des Familiären...

## 9 *Selbstverständlichkeiten*

Es gibt Wahrheiten und Sachverhalte, die so einfach sind, daß man sie als selbstverständlich hinnimmt – und sie folglich nie bewußt erlebt – und folglich nie erfaßt. Bis sie einem eines Tages zum ersten Mal auf- und einfallen – so lapidar, daß man sich von ihnen überfallen fühlt und ihnen hilflos gegenübersteht, im Urstaunen der Erkenntnis. Zum Beispiel, daß man jedes Jahr einmal das Datum seines Todes durchlebt – den Monat und Tag und die genaue Stunde, in der man sterben wird. Mit bloß der einen Gewißheit: daß man, wenn einmal auch das *Jahr* des Datums erreicht sein wird – jener Markstein des Lebens, an dem es in den Tod übergeht... daß man dann absolut unfähig sein wird, sich zu erinnern, was man an all den andern Jahrestagen dieses Tages gemacht hat... gedacht... gefühlt... wo... mit wem...

Heute ist der 27. März, die kleine Uhr auf meinem Schreibtisch zeigt jetzt sechs Minuten nach elf Uhr nachts. Ich höre jemandes Schritte auf dem Straßenpflaster verhallen, rieche den Vorfrühling durchs halboffene Fenster... und sehe den sanften Regen, Regenknospen an haardünnen Zweigen, an den Scheiben...

## *XII. Buchtitel ohne Bücher*

Hintergedanken

In mancher Hinsicht

Nebenbei bemerkt

Bei Licht besehen

Im Grunde genommen

Aus dem Rahmen gefallen

Ponderabilien und Imponderabilien

Im Auge behalten

Mosaiksteinchen

Sätze und Gegensätze

Inzwischen

Ohne weiteres

# *ANHANG*

## *Mental Reservations*
## *Aphorisms and Marginalia*

*1* To write an aphorism means to miss the target with meticulous precision.

*2* There is nothing new under the sun. But everything is unprecedented.

*3* To create a work of art is to create a disturbance.

*4* *Original Sin*: And on the seventh day God created Adam. And he blew the breath of life into his nostrils, and Adam sneezed, opened his eyes, and said: "Excuse me!" He has been apologizing for living ever since.

*5* The most dangerous people are those without self-respect. That is the reason why lawbreakers and moral outcasts function as the real pillars of society: they give the philistine the opportunity of feeling superior to them and thereby prevent him from acting as ignobly and destructively as the outcasts themselves. The bad are the cement that holds the fabric of the good together, the enemy of the people is man's best friend, the scapegoat is civilization's indispensable prerequisite.

*6* It is just because Life is potentially satisfactory that one feels its actual unsatisfactoriness so strongly. If it *couldn't* be better, it wouldn't be so bad.

*7* I could imagine a man's committing suicide because he's tired of not living.

*8* The life of the mind begins when one ceases to understand what has been self-understood, when one finds answers questionable and solutions problematic, when one suspects the obvious to obviate one's view and the overt to avert one's vision, when one hesitates to accommodate oneself to the commonplace, wonders about the simple and puzzles about the plausible.

*9* Rejection without understanding is stupid as well as ineffective. Understanding, however, is already absorption – the opposite of rejection. That is the reason why it is so difficult for us to understand what we reject and to reject what we understand.

*10* The trouble with "bringing into focus" is that to the same degree to which some things become clearer, others become dimmer; our vision of the whole is thereby not improved. That is particularly true for philosophic systems. Whatever doesn't fit into a system, the "waste material" that falls under the table, the disparate matter that is to be disregarded, is usually enough, in quantity and import, to be brought into focus and made the core and component of another system. And if a synthesis is attempted, the systems dissolve, the focused loses its outlines – and the picture reverts to the original complexity that is whole but blurred.

*11* The tragic is exemplified by a person's coming to grief because he acts according to his character; the triste by his coming to grief because he is untrue to himself. The tragic character fulfills his destiny; the triste one evades it.

*12* Tragic guilt: a guilt of which one is innocent.

*13* We make of ourselves what we are made to make of us.

*14* From a hundred billboards the awareness of cancer, designed to safeguard our bodies, is malignantly eating into our minds. Our souls are made dark with enlightenment.

*15* The people that walk up the stairs of an escalator in motion are a special brand of go-getters: the climb-getters. They are as well adapted to our civilization – and as symbolic of it – as a split atom or a split second, or a split personality. They personify modern man in competition with the machine which he has invented to serve him. If they could push a moving elevator upwards to accelerate it, they would do so. They don't mind getting nowhere as long as they're getting there fast. They want to get, not to possess; they want to get, not to be. They represent advance, progress on the double, they are the fore-runners, the up-runners of man's development away from man's image, they are the first specimens of a new species: the Golems which the machines have created in their likeness, the unfinished goods on the assembly line of civilization, about to become the final products.

*16* The question raised by the invention of the Mechanical Brain is whether it is an attempt to show that a machine can approximate the human organism, or that the human organism cannot hope to approach a machine.

*17* Who is absurder – the philosopher who finds it possible to think about ends without thinking about means, or the "man in the street" who finds it possible to think about means without thinking about ends?

*18* Those who know best what to live on, usually know least what to live for, and (alas) vice versa.

*19* To the philosopher even the end is a means. To the common man the means are ends.

*20* The only thing I have against the common man is that he's so darn common.

*21* I have little respect for people who are religious for lack of intellect, or irreligious for lack of soul.

*22* The Bible is the source book of atheism for an unbeliever, while a believer will draw religious convictions from an atheistic tract.

*23* Any liquid poured into a jug takes on the shape of the jug. It is the same with the facts people consume and turn into opinions.

*24* "I'd love to become an introvert", said the extrovert, "if I could only be sure that people will learn of my conversion!"

*25* No idea is as violently rejected as an idea we've once believed in, no person as violently hated as a person we've once loved. The reason goes beyond mere disappointment. Love and acceptance are efforts to "take in", to make a part of ourselves; if these efforts fail, if what we have absorbed cannot be organically assimilated into ourselves, then we have to throw it up, violently, in order to "get it out of our systems"; for it has already gotten under our skin and permeated our flesh and pervaded our blood. Only those who have never swallowed what does not agree with them can be calm and detached and indifferent about it; only those that have not loved need not hate, only those that have not accepted can afford not to reject.

*26* How psychologically interesting is the phrase, "that serves him right"! For it appears that it is never used benevolently, always maliciously. It is never anything but the expression of satisfaction that someone has gotten "his just dessert", "his comeuppance" – in other words, that he has met with misfortune. Misfortune, we seem to feel, is the only thing that serves anybody right – good fortune is just something he manages to get away with. Or has anybody ever taken the observation that X's wife serves him right to be a felicitation instead of the contented sneer that X has finally got "what's coming to him"?

*27* The worst thing about being poor is the dullness and monotony of it. Poverty incarcerates life in the dungeons of existence, placing on all things the signs IMPOSSIBLE – UNATTAINABLE – UNAFFORDABLE. Nobody waits as fervently as the poor for something marvelous to happen – and nobody with less chance. For poverty entails a daily fight for the maintenance of the *status quo* – i.e., poverty. This is its tragic irony. In denying the poor both time and means to alter their condition, poverty is a veritable *perpetuum immobile.*

*28* The effects of money are greatest where it is lacking.

*29* America's staff of life is not bread but dough.

*30* "I'm not fast", said the clock, "I'm just ahead of my time."

*31* Puberty: his glands made so much noise in him he couldn't hear himself think.

*32* Ink on paper: coagulated time.

*33* Some people resemble stars: sometimes their light reaches us only after they themselves are already extinguished.

*34* Art: a useless necessity.

*35* Courage: willingness beyond ability.

*36* Fame: a footprint in the quicksand of time.

*37* Happiness: the point where the line “not yet” intersects the line “no more”. (A point, as everybody knows, has no dimension.)

*38* The statistician: a man who can’t see the trees for the forests.

*39* The cynic: a man who makes a molehill out of a mountain.

*40* As we get older, we frequently arrive at conclusions which we had jumped to when we were young. The question is whether we have acquired the capacity of walking or lost the capacity of jumping.

*41* The conclusion at which one arrives slowly may be sound, but it is always covered with the dust of the road. There is nothing as fresh and shiny as a jumped-to conclusion.

*42* People bent on putting their best foot forward must needs develop a limping gait through life.

*43* Compassion – the killer of passion.

*44* Neurosis: the tribute exacted by civilization for curing us of the symptoms of health.

*45* Original Sin: man’s belief in original sin.

*46* Extreme: a thought thought through.

*47* Time: a line consisting of points of departure.

*48* "Time heals all wounds" is a euphemism for human forgetfulness.

*49* The day the world ends: my dying day.

*50* People are so sure that the trees won't grow into the heavens. But doesn't this depend upon where one lets the heavens begin?

*51* The view that everything has two sides is the dogma and stigma of the narrow-minded.

*52* "Getting even" usually means descending.

*53* Isn't it significant that "to suffer" is used as a synonym for "to tolerate"?

*54* "Cutting down to size": whose size? Why, the cutter's of course!

*55* My deepest psychological insights I owe less to my intercourse with people than to my intercourse with words.

*56* The mass man prefers oppressing others to being free himself. He doesn't mind being moral as long as no immorality is permitted those he envies. He would rather go to hell with his enemies than have them go to heaven with him.

*57* The expression "power politics" strikes me as a redundant pleonastic tautology.

*58* Property breeds propriety.

*59* What the eraser erases, erases the eraser.

*60* Advice to polemists: don't forget that the word "onslaught" contains the word "laugh"!

*61* A do-gooder is usually a man who wants to be a do-gooder, not a man who wants to do good.

*62* There are people who prevent you from doing them a favor by requesting it from you.

*63* How revealing about our civilization that "immaterial" and "unimportant" are used as synonyms!

*64* "Primeval" for some theologians is the equivalent of "primevil".

*65* The right way of living is supposed to be the trading of time for money while one is young, so that one can trade money for time when one is old.

*66* Some people dislike us for the worst they bring out in us.

*67* A paradox is the sign at the door of an undertaker's establishment: "Closed because of death".

*68* I write the way I shave, going over and over the same territory, cutting, scraping, smoothing – and forever finding rough spots right under my nose.

*69* The clamorists for "understandability" in art treat the word "understandable" as if it were an objective fact, not the subjective quality it is. An algebraic formula, an intricate chess move, an architectural blueprint are perfectly understandable, though only for those tutored in the languages of algebra, chess, and architecture – and even to them only in proportion to their proficiency. These symbols are not immediately accessible to the "man in the street" and his all too common sense. But at least he's willing to acknowledge this fact in fields foreign to him and admits his lack of training in them instead of blaming his defects on the unfamiliar idioms. As soon as the subjects are art, literature, or music, however, the layman suddenly and miraculously changes into "the public" and considers his competence to make demands and pass judgments amply demonstrated by the fact that he has eyes, ears, and common sense, i.e., the ability of reading and understanding a newspaper. Not that the fault is entirely his. The so-called fine arts are much too willing to cater to the "public at large" and to make it their arbiters and sponsors, or bow down to professional critics who, by inclination or obligation, represent the viewpoint of "the public at large". Without any suspicion, then, that a degree of preparation and general cultural background may be indispensable for the appreciation of any art, ancient or contemporary, the man in the street requests "sense" and an effortless appeal to his senses; terms "obscure" what is not obvious; and never fathoms that the real problem may not at all be the lack of understandability of contemporary art, but the lack of his own understand-ability.

*70* A poem's failure to communicate may be caused either by the density of the poem or by the denseness of the reader. The poets are apt to consider only the second possibility, the readers only the first.

*71* The poets have always celebrated the wrong feats of passion, e.g., the surmounting of obstacles, the overcoming of distances in time and space – things that are the very food of passion, complications on which passion thrives. While the real enemy of passion is the absence of complications – tranquillity, serenity, security: if it can survive *those*, then passion has won a victory, then there is cause to stand in awe and shout "hurrah for love!"

*72* The autobiography of most artists can be reduced to the formula: the struggle between their destiny and their fate.

*73* A good writer makes you understand what you already know.

*74* It is not an artist's function to re-chant the poesy of the poetic (truly a rearguard action) but to conquer for poetry the territory of the nonpoetic. In that sense, every true artist is a member of the *avant-garde*. That a rose is "poetic" has been established by now; the task is to discover and convey the poetry of the rose-thorn; to see and make visible the beauty of the mud-bed wherein, whereout the rose grows; and to convey the nostalgic beauty of even the barren lot that can acquire the quality of poetry by the felt lack of roses.

*75* Two factors determine the quality of an artist: the extent of chaos he has within him, and his ability of giving it form. For an artist is he who can transform the micro-chaos in his soul into the micro-cosmos of his work.

*76* The hammer of fate will hit everybody; but only the artist will give off sparks under the blows.

*77* The talent attempts the difficult. The genius achieves the simple.

*78* The lonely and unhappy people in a play have at least the softhearted public to pity them. The lonely and unhappy people in life are worse off: they're alone with their merciless coactors – the above-mentioned public.

*79* A good book is one that stimulates thought. But since a thoughtlessness arouses usually more thoughts in me than a thought, it follows that a bad book is far oftener a good book for me than a good one.

*80* The reading habit is a good habit only if it develops the thinking habit. If it is acquired for the purpose of evading thinking, it is no better than alcoholism or drug addiction.

*81* Some intellectuals are just creative enough to explain their uncreativeness in an original fashion.

*82* There are people whose lack of character so much predestines them to becoming famous that one actually regrets their lack of talent which prevents it.

*83* The bad reader finishes a book. The good reader completes it.

*84* *The ultimate compliment for an author*: After reading his book, I felt the desire to make my acquaintance.

*85* Library: the result of a chain reaction, set off by the first volume acquired.

*86* Some women work for hours before the mirror to acquire a windblown look. Some writers expend the same amount of labor to achieve the tossed-off quality of their sentences.

*87* The prurient and the puritan reader have one thing in common: both are wont to skip a book for a word.

*88* To read means, in the best sense, to re-create. To read well is therefore possible only if the creative power of the author is latent also in the reader. From which follows that each person can read only certain books well, namely those which he, potentially, could have written. This accounts also for the peculiar elation in the reader when he meets with "his" book – a sensation very akin to that of the author himself while it grows under his hands: both experience the incomparable joy of creativity. Its frequent manifestation is the reader's wistful feeling: "I wish I'd written this!" And in a way he has.

By the same token, books which we cannot appreciate (that is: appropriate), which are "over our heads" or go "against our grain", are books that contain thoughts or feelings "beyond us", emotions "we haven't got in us" – ingredients, in other words, that in us are lacking, chemical elements unable to form syntheses with the elements of which we are composed. Such books – since we lack the capability of identifying ourselves with the creative processes of their authors – we cannot read well, if at all.

*89* The knowledge of any language begins with the discovery that there is no such thing as synonyms.

*90* The artist and the amateur are distinguished from each other not so much by what they create as by what they discard.

*91* A fragmentary work of art stimulates the onlooker's creativity, a finished one stifles it. Women, too, are works of art: the perfect ones find admirers, the faulty ones lovers.

*92* A borrowed book has never the same contents as your own. Only the same text.

*93* Many plants thrive in the same soil because every kind takes from it different substances – those it can assimilate for its growth. Many readers read the same book but each takes out of it only what he can absorb, what is organically necessary at the time for the metabolism of his soul and mind. The most nourishing, the truly great books are of course those to which one can return at various stages of one's development to absorb the elements which one had to reject or neglect before, for which one hadn't been ready. For the same reason I don't believe in the existence of books "dangerous" to young people: contents not compatible with their nutritional needs will be disregarded and remain unconsumed; while the same young people will extract the forbidden materials, once they feel the need for them, from any soil – literature or life – even though that soil may actually contain these ingredients in only negligible or altogether imaginary quantities. The mental organism, like the physical, has the faculty of producing by itself, through chemical changes, the matters it requires out of what elements it finds available: a yen for pornography, for instance, can be satisfied by the Bible and by Shakespeare as well as by Boccaccio and the *Memoirs of Fanny Hill*; and to the "romantic", love-hungry girl almost any young man looks romantic, almost any story is a love story.

*94* The discoverers of talents usually have a very exaggerated idea of their importance. For a talent that is ready to be discovered will discover its discoverer with he same infallibility with which a girl who is ripe for love will encounter her lover. Every target finds its arrow.

*95* The work of an artist is always personal, the work of a dilettante always private.

*96* Formlessness likes to pose as informality, but is out of luck: for informality is a high grade of form.

*97* To write well means to discard everything but one's afterthoughts.

*98* Representational art is art only to the extent to which it is presentational – that is, to which it utilizes its subject instead of merely using it. Where the object of a picture is no more than the re-presentation of a subject, we are not dealing with art but with photography; but even a photograph can become a work of art – to the degree to which it employs its subject as a means instead of as an end, to the degree to which it is served by its subject instead of serving it. Reproduction is less than production, re-creation less than creation. A representational work *means*, a presentational work *is*. (This I believe to be the meaning also of Archibald MacLeish's famous line, "a poem should not mean but be".)

*99* The artificial dichotomy between content and form becomes meaningless when applied to the sculptor. He does not pour content into a form: he forms the content that contains his form: he works the clay into a figure, he works the figure into the clay: there is no form without the material, and the unformed material is not art: form and content are one. It is the same with every true work of art.

*100* Expressionism: the presentation of the sounds rain and thunder make in the artist's soul, not the representation of the sounds they make on everyman's ear.

*101* The good aphorism is never a truth but always an illumination of the truth. It is either a hypo- or a hyper-truth and, at its best, both.

*102* Aphorisms are not shorthand notations for the purpose of future elaboration, not the raw materials of essays, but on the contrary: many an essay one wrote will suddenly turn out to be the unknowingly performed spade work for the finished product in two lines: the aphorism.

*103* Aphorisms are the last links in a chain of thought.

*104* The best foods, as a rule, are those whose preparation takes longest and whose consumption shortest. It is the same with sentences.

*105* The aphorism: a thought caught in the act.

*106* The aphorism: a protective pearl formed around a soul irritant.

*107* The division of people into those of male and female sex is incomplete. There are also those of masculine and feminine gender, e.g., hetero- and homo-asexuals.

*108* She said she was anxious to be happy. I wondered whether she meant "eager" or "afraid".

*109* He'd be more successful with women if he didn't understand them so well and grasp them better.

*110* In the battle of the sexes the man usually suffers a victory and the woman wins a defeat.

*111* "You" to her is a possessive pronoun.

*112* If nobody is beside her, she's beside herself.

*113* She's a meddle-aged woman.

*114* A woman's makeup has an erotic effect because it advertises her will to be erotic. It is not so much the lipstick that makes female lips attractive, as the fact that it had been applied.

*115* Some women mistake their duplicity for their complexity.

*116* She's sob-consciously wailing away her time.

*117* He has no soul – only a psychology.

*118* Their conversation consists of lying and rep-lying.

*119* Since she couldn't live her reputation down, she decided to live down to it.

*120* She wants forever to pull herself up by his own bootstraps.

*121* Hers was an all-consuming partici-passion.

*122* Marriage, all too often, is either the termination of an affair before it has begun, or the continuation of one after it has ended.

*123* Monogamy: the victory of female possessiveness over female curiosity.

*124* "The breeze was caressing my skin", she said. The breeze, of course, was doing no such thing; it was her skin that felt the blowing of the breeze as a caress. "His eyes were caressing me", she said.

*125* A virtuous woman is virtually a woman.

*126* The day her wish came finally true and he ceased looking at other women was also the day when he stopped looking at her.

*127* Prostitution: a time-honored dishonorable profession.

*128* Fear: the barometer of desire.

*129* Art: the struggle for survival after death.

*130* To master something means to find it no longer difficult. Not to master something means to find it not yet difficult.

*131* Intelligence is awareness.

*132* A rationalist's attitude toward the metaphysical is very much like a thermometer's claim that there are no temperatures above or below its scale.

*133* Positivists are people who think that because they have done away with myth, they have also done away with mystery. But this is only a new myth: the substitution of the omniscient priest by the omniscient scientist.

*134* With the expression "homo sapiens" man places the crown of creation squarely upon his head.

*135* Pride goeth after a fall.

*136* Nothing induces as much wastefulness of the here as the belief in a hereafter.

*137* The only freedom I never want to have is the freedom from doubt.

*138* If I had to make a choice, I'd rather think well than do good.

*139* The most pathetic person is he who deems it more important to be liked by others than to like himself.

*140* Unselfishness is usually the equivalent of unpersonality. Where there is self, there is selfishness.

*141* His self is big enough to include a heavy chunk of world. Thus, though self-centered, he is not a bore. The insufferable egomaniacs are only those whose egos are so limited!

*142* The struggle for self-realization is the struggle for the synthesis of one's selves.

*143* The Golden Rule is a living monument to selfishness as the dominating principle in our lives and morals – a perfect example of a socially desired effect trying to hallow an unethical motive. Behind it stands the obvious contention that to require people to do good for good's sake is a hopeless proposition; but, taking for granted everybody's desire to be done good unto by others, it bids him to do likewise unto them: exploiting his egotism for a utilitarian goal: telling him to act decently, not for decency's sake, but for his own. For the accent of the precept does not rightly lie upon the "Do unto others..." but upon the "*As you want others to do unto you...*"!

*144* As an application of the principle of cooperation through selfishness – inherently operative in nature – as a rule of mechanistic morality, the Golden Rule may have a functional merit; but as a philosophical doctrine or a principle of ethical conduct it is far inferior to either frank and honest egotism or undiluted and unconditional altruism. It is, in fact, as primitively unethical as are heaven and hell in their bribing or menacing designs of reward and punishment, and it does not even approach the candid simplicity and lucid depth of the commandment: "Love thy neighbor as thyself!"

*145* What unexpected effects the Golden Rule would yield if it were administered by masochists – a sect that, to all appearances, was by no means uninfluential in spreading the gospel of sin and chastisement, of turning the other cheek, of salvation through pain, grief and suffering!

*146* You can't love thy neighbor as thyself if you don't love thyself. And your neighbor won't be capable of loving you unless you love yourself first. The most unlovable people in the world are those without self-love.

*147* You can enjoy yourself only if you can enjoy your self.

*148* The average conversation consists of transactions on the stock phrases exchange, and is sustained by interruptions. Far from stifling it, these interruptions are the conversation's fuel, and the cut threads and loose ends of thoughts floating through the air create the illusion that thoughts had been about. The participants thus prevent each other and themselves from noticing that they have nothing to say, and are enabled through not listening to get even for not being listened to. Associations are born by abortion, multiply, like protozoa, through division, and one nothingness washes the other.

*149* The people who believe in the formative influence of environment may have a point: my environment is so hopelessly sane, it's driving me mad.

*150* Freedom of speech: your undisputed right to express any opinion on any subject which nobody cares about one way or the other.

*151* Progress: more and more means of communication and less and less to communicate. In the past we didn't get anywhere fast. Now we're getting fast not anywhere.

*152* A free press and radio are necessary evils to preserve our national institution of advertising – even though we forever hear it the other way around.

*153* The absent-minded professor is a present-minded professor elsewhere. (Usually at the presence of minds.)

*154* The "good housewife" is a woman who thinks that the use of a house lies in its preparation for use; ceaselessly engaged in the second, she forever prevents the first.

*155* The bond that holds many a good marriage together is a common lack of interests.

*156* They are a perfect couple: he bookish, she booksome.

*157* She grew up in the very best environment but managed to rise above it.

*158* He's imagining things. That's why he recognizes them for what they are.

*159* What I dislike most about him is his commonplacency.

*160* Democracy is the best form of government – provided it always remembers that the majority can make law but not right.

*161* When I see people displaying their bad teeth in broad grins, I always wonder whether their emotions are so admirably strong, or their sensitivities so regrettably weak.

*162* His periodic binges may be nature's attempt to purge his soul from the accumulated poisons of clean living.

*163* As she grew older, going to church became a kind of spiritual beauty culture with her: once a week she went to have her faith lifted.

*164* Gossip columnist: She lives from ear to mouth and serves us the world on a silver patter.

*165* Hollywood is the place where character is something one is, not has.

*166* Hollywood movie: a conglamoration.

*167* As for Hollywood movies, I've noted a definite improvement lately: they're going from worse to bad.

*168* Christmas shopping leaves me each year with a severe case of Santa-claustrophobia.

*169* The pernicious aspect of efficiency lies in its tendency to become a virtue *per se*, regardless of where, how and for what purpose it manifests itself: we're witnessing the emergence of a morality of the a-moral. The Germans, for example, had acquired such a (deserved) reputation for their efficiency in everything that the world had to overcome a certain awe and embarrassed respect for the streamlined dispatch with which they committed mass murder in their concentration camps, methodically as always, economically, with a coldblooded detachment and a job-to-be-done air that precluded any sense of guilt because moral considerations didn't even enter into the proceedings. The same perversion of whatever scale of values we can boast is apparent in the businesslike ways in which the crime syndicates in this country operate: like a well-oiled machine, with wheels in labor and industry, state and local government. Even in individual enterprises, like a bank robbery, the attention of the participants, the onlookers, the victims, the police, and the newspapers seems to center on the details of the "job" – how effectively the safe was cracked, the alarms inactivated, the traces eliminated; slipups are severely censured; the overall planning is carefully reviewed by reporters and broadcasters, efficiency experts give their reasoned views, and if the criminals employed the latest techniques and showed that they had boned up on the most recent time and motion studies, findings in psychology, operations coordination, laboratory discoveries, and mechanical know-how, they can always count on a good press. A note of envy and admiration is audible in all discussions, if they could get away with it; if they get caught, it serves them right for having been inefficient. The field of endeavor makes no difference: the churches of this country are run like the business enterprises they have become – the Sunday division of the entertainment industry; the theatrical arts have turned into "show business"; book publishing has become subservient to book clubs and advertising, etc. And our daily increasing adroitness in the development, production, and testing of nuclear weapons is about to blot out any consideration of the right and wrong of war, substituting a thinking exclusively in terms of getting there sooner, of striking first, of causing the greater destruction. Following the lead of the efficiency expert, we have embarked on the relentless pursuit of trigger-happiness, and even the prospect of blowing up the world and ourselves with it seems to have lost its terror in view of the likelihood that we will do it by pushing a button.

*170* All people contain within them a mixture of softness and hardness, and the individual differences are not only variations of proportion and degree, but also of local distribution: some wear their hardness over their softness, some under it; some have a tough skin serving as a protective shell for a mushy structure underneath; others have vulnerable surface tissues covering a firm and impregnable core.

*171* There are genuine fat people, and genuine thin people. But there are also those deceptively fat people who are really thin people hidden beneath a layer of fat, and those deceptively thin people who carry a metaphysical stratum of lard over their physical leanness!

*172* The uneducated man knows only what he's missing; the educated one also what he's lacking.

*173* Our standard education consists in adding knowledge to a lack of understanding. True education would consist in making one understand what he only knows.

*174* The vacuum cleaner is an American symbol. One's first impulse is to ask: how can a vacuum be cleaned? A misunderstanding, of course, though a revealing one – a beautiful metaphor for the Puritan Mind: a cleaned vacuum. Still, we know better: a vacuum cleaner doesn't clean a vacuum – it cleans by creating one. It is, in other words, a metaphor only for the institutionalized educational process.

*175* Only the ignorant think they can escape tradition – a feat as impossible as it is to escape time. For there is a long tradition also of scorning tradition, and in some circles it is a convention to be conventional.

*176* The first step toward getting wise is to get wise to oneself.

*177* Retribution must follow in the wake of the misdeed. Otherwise intervening time intervenes for the evildoer and, altering him and severing the connection, makes the retribution appear as an original misdeed: delayed retribution becomes an injustice.

*178* Liberal education: a tautology.

*179* The sinner permits the righteous not only to sin vicariously but also to punish themselves vicariously.

*180* Moral indignation: sour gripes.

*181* The conservative guards against revolution the gains of a past revolution against which his conservative father had been a guardian.

*182* Saintliness ought to thank corruption for providing the most fertile soil for its growth. But corruption too thrives best in the soil of saintliness.

*183* To study history has a point only if one doesn't do it in order to know what happened but in order to know what is happening.

*184* A book that shows our time in a new perspective is taking the blindfold of the present from our eyes.

*185* Radio and TV turn real events into spectacles, thus effecting a de-realization of reality and transforming the world into a sponsored commodity that flows from a faucet as soon as the faucet is "turned on".

*186* TV: the world served on a silk-screen platter: the chummification of the universe.

*187* *The Art of Living, Lesson I*: Wishing, at the foot of an escalator, for a magic carpet – then opening your eyes...

*188* Strange that one can die who never could live!

*189* To die by inches is bad enough. But to live by inches – that is tragic.

*190* To admire cut flowers is an act of necrophilia.

*191* Our moments of life are like sparks enveloped by the dark smokecloud of our existence.

*192* I write words on paper and then look at them and remember the man who was still alive when I wrote this.

*193* He doesn't live. He's leading an equilibrium.

*194* I went pure through all the sins I've committed. But the uncommitted ones have corrupted me.

*195* If I had to be conventional, I would rather be conventional in my virtues than in my vices.

*196* One should express thoughts the same way one should wear clothes; the old ones as if they were new, and the new ones as if they were old.

*197* The main difference between an intelligent and a stupid man is that only the first can play stupid.

*198* The fool cannot comprehend what the wise man can. And the wise man cannot understand what every fool can.

*199* The tragedy of philosophy is that it always starts out by seeking a meaning and always ends up by bestowing one.

*200* There are points of view whose very loftiness I suspect. If one stands too high above things he is bound to overlook them.

*201* Our eyes provide the light wherein we see reality. If someone else shares our looking at things, their appearances change; we see them, we truly say, in a new light: the light supplied by the additional eyes.

*202* Sensitivity is heightened consciousness. At its peak it is self-consciousness, subconscious-consciousness.

*203* In becoming more what we are, we're becoming better even if we are becoming worse.

*204* The rank of certain people and ideas is testified to by the kind of their opponents no less than by the kind of their adherents, and a motivated rejection is preferable in that sphere to an affirmation based on misunderstanding. Some personalities have the quality of the touchstone: in their presence a fundamental division of substances becomes apparent. And this touchstone-like effect of a great artist, his work's intrinsic capacity of creating opposing camps and issues, of attracting and repelling, may in itself well constitute the real yardstick for his greatness, his genuineness, his vitality, and the extent to which he fulfills his deepest mission: to help his fellow men to find and know themselves, to see their minds more clearly, to become more consciously what they were meant to be.

*205* It is evident that a book that reaches the few does not also reach the many. But how about the case in reverse? When a book reaches the many, does it thereby also reach the few? Are the few a part of the many, or apart from them? How many of the few are usually found among the many?

*206* Without sin there is no repentance – that much is generally understood. What is generally overlooked, however, is that without repentance there wouldn't be any sin!

*207* The expression "dangerous thought" is a tautology.

*208* If we dared what we want, we wouldn't want what we dare.

*209* He has an open mind, protected by a screen door.

*210* He is not a complete cynic who is not cynical about cynicism!

*211* The older I get, the younger I've been.

*212* I am afraid of my future only to the extent of my being afraid, and regretful, of my past.

*213* Nicknack souvenirs from faraway places are out of place in our rooms, like animals in cages of comfort. They are not the carriers of our memories, only of theirs. They are not gay, not fond remembrances, small transplants of foreign soils and suns and airs, retaining the climate of the exotic hour when we plucked them out of their native soil; they speak to us (if at all) in a foreign tongue, a tongue grown foreign; they are islands of loneliness in an all too charted sea.

*214* The sad thing about traveling to distant places is that they lose their distance. What if you *could* reach a star? You'd only cease seeing it.

*215* The holding capacity of our heads can be enlarged only by the appropriation of things that "go over our heads".

*216* No reader needs to go to the trouble of contradicting me; I'm carrying on that activity quite efficiently myself.

*217* He does not live. He leads an equilibrium.

*218* She doesn't know her mind – but that doesn't prevent her from speaking it.

*219* Literature is the art of conveying in words what words cannot convey.

## *Zwei autobiographische Texte*

### *New York, ein Schiff, ein Emigrant*

Der vorderste der drei mächtigen Schornsteine schleudert das letzte Abfahrtssignal in den Himmel, ein Röhren, ein Heulen, ein knarrendes Dröhnen, von einer Wolke schwarzen Dampfs umhüllt, ein-, zwei-, dreimal, in wenigen Minuten wird der Riesenkörper sich vom Pier lösen, in flachem Bogen rückwärts gleiten, wenden – und seinen Weg nehmen, an der Freiheitsstatue vorbei, den Weg nach Europa. In seinem Rumpf trägt er meine Briefe und Hunderte mit ihnen, auf den Verdekken drängen sich die Passagiere – wahrhaftig, sie stehen dicht gedrängt, elegante, sommerlich gekleidete Menschen, lachend und winkend, scharenweise reisen sie nach *Europe*, in Geschäften, vom Besuch der World's Fair heimkehrend, und viele, vielleicht die meisten, on vacation – auf Urlaub, zum Vergnügen. Denn es ist noch immer fashionable, einen trip nach dieser alten Welt zu unternehmen, mit deren troubles man täglich in der Zeitung und im Radio so sehr behelligt wird, what the hell are they going to do over there, das muß man sich doch einmal persönlich anschauen, don't you think so? Europa und Vergnügen – dem Emigranten, der hier am Pier steht, geben die zwei Wörter einen schlechten Reim, aber sie, die dort fröhlich an der Reling lehnen, sie bringen die Synthese zustande, sie strahlen vor Freude und Erwartung.

Ringsum ist das übliche aufgeregte Getriebe, Freunde, Bräute, Gläubiger der Passagiere, von Abschiedsschmerz geschüttelt, Autographenjäger, dem eignen Trieb, Reporter, dem Trieb ihres Chefredakteurs nach Filmstars und Staatsmännern gehorchend (und nicht vergebens, speziell Hollywood scheint mit beiderlei sex appeals zahlreich vertreten zu sein), Amateurphotographen, Hafenarbeiter, Arbeitslose, Polizisten, ärgerlich hupende Taxichauffeure – sie alle nehmen an der Erregung des Augenblicks teil und vermehren sie. Da und dort mag wohl auch ein Herr oder eine Dame von der Gestapo stehen, und in wenigen Stunden wird bereits ein Kollege in Paris oder Zürich, Lissabon oder London von der bevorstehenden Ankunft eines der Reisenden dort oben wissen. Oder ist das bloß der Zwangsgedanke eines Emigrantengehirns, in dem sich diese Dreisilbenverbindung „Gestapo“ als dunkler Kinderschreck der Erwachsenen eingenistet hat...?

Die Halteseile werden gelöst, klatschen ins Wasser, baumeln aufwärts; auch der Landungssteg ist schon eingezogen. Die Vormittagssonne strahlt hell auf die großen weißen Buchstaben QUEEN MARY am Bug, liegt leuchtend auf dem weißen Anzug des Matrosen, der die britische Flagge hochzieht, Taschentücher flattern auf, hüben und drüben, die letzten Abschiedsrufe, schon wird das Wasser an den Schiffsflanken hellgrüner Schaum, glitzernde Fontänen springen aus dem schwarzgetünchten Rumpf – und von niederen verräucherten Geleitbooten (Dienstbooten, sozusagen) mit grotesk langen Schornsteinen begleitet, gestoßen, geschoben, insektenhaft umkreist, setzt das Ungetüm sich langsam in Bewegung, fachmännisch ausgedrückt: es sticht in See.

Ja, es sticht in See, aber es sticht auch ins Herz. Plötzlich spürst du es, plötzlich bricht das Gefühl aus, das dich schon die ganze Zeit über dumpf erregt und beunruhigt hat, das Gefühl: dieses Schiff hier fährt nach Hause, nach Europa (Cherbourg–Paris–Semmering–Wien!), dorthin, wohin du gehörst – und du stehst hier am Ufer, in der Fremde, siehst es wegfahren und kannst nicht mit! Und etwas würgt dich in der Kehle, doch mit „Heimweh“ ist das nicht zu erklären, Heimlosigkeitsweh, das ist es schon eher...

Und du gehst schnell weg, gehst durch die fünfzigste Straße dem Broadway zu, die elfte, zehnte, neunte, achte Avenue überquerend, an Proletarierhäusern vorbei, an Fensterhöhlen, hinter denen das Grauen wohnt, an Negerkindern vorbei, die johlend die Straßen bevölkern, an Arbeitslosen vorbei, die auf der Fahrbahn baseball spielen, vorbei an Pfandleihern, an employment agencies, vor denen an schwarzen Tafeln Zettel befestigt sind, links male, rechts female – laß sehen: ein handyman, ein Geschicklichkeitsmann wird gesucht, experience necessary; ein colored dish-washer, ein farbiger Geschirrwäscher also, ebenfalls mit Erfahrung; ein busboy – das ist der Tischabräumer in den großen Cafeterias mit Selbstbedienung, $4.– weekly und das Essen; weiters ein Vertreter mit Auto, „sicherer

Verdienst" verspricht der Zettel, durchschnittlich 30 Dollar pro Woche und mehr (!!$30.– UP!!), ein salesman, guter Profit mit Hygieneartikel, ein Automobilmechaniker, ein doughnut baker – viele Zettel, weiße, grüne, rote, und davor noch mehr Interessenten, eifrig studierend, links males, rechts females.

Du brauchst die vielen zusammengedrängten Leute nur anzuschauen, und schon steigt vor deinen Augen zwangsmäßig das Bild von Menschenschlangen auf, das Bild, das sich drüben, auf dem andern Kontinent, in deine Brust, in deinen Kopf, in deine Netzhaut geprägt hat: Menschenschlangen vor dem Paßamt, vor dem Wanderungsamt, vor dem Steueramt, vor dem Taxamt, vor dem Militärentlassungsamt, vor den Hilfskomitees, vor den Reisebüros, vor den Schiffahrtsgesellschaften, vor den Konsulaten – Menschenschlangen, Menschenschlangen, schwitzend, frierend, meuternd, schweigend, so standen sie vor allen diesen Ämtern, so stehen sie, die den Konzentrationslagern noch Entgangenen, vor diesen Ämtern, auch heute noch, drüben, in dem verfluchten Land, nach dem du eben noch Sehnsucht gehabt hast; sie stehen dort, um hierher zu gelangen... erinnerst du dich, wie inbrünstig auch du dir es noch vor ein paar Monaten gewünscht hast? – Ja, und nun bist du hier. Und nun solltest du dich von Rechts wegen hier wieder anstellen, vor der employment agency, wie alle diese Arbeitsuchenden. Von Rechts wegen solltest du das! Und du bleibst auch stehen, du zögerst, du kämpfst mit dir – aber du bringst es einfach nicht fertig. Alles in dir wehrt sich dagegen, wieder in einer Reihe zu stehen, zu warten und die Gespräche der Hoffnungslosigkeit zu hören und den Geruch von Angst und Elend zu riechen – genug, übergenug!! Und außerdem, gesteh es doch ein, dir selbst und den andern: du bist doch kein handyman, mit der Entschlossenheit und den guten Vorsätzen allein wird man das doch nicht, man kann doch nicht von heut auf morgen aus seiner Haut heraus, nein, zum Teufel, du bist alles andere als ein handyman, du bist ein Intellektueller, ein Literat, ein hoffnungsloser Geistmensch – ein hoffnungsloser Fall!

Ein mageres, ganz junges Negermädchen steht plötzlich neben dir und fragt mit breitem Grinsen, ob du an „black pussy" interessiert wärest. Dein verblüfftes Zögern mißverstehend, verspricht sie dir „da woiks", was du dir zuerst mit „the works" und dann mit „alles, was dein Herz begehrt" übersetzt, „for just a few bucks". Du bedankst dich und läufst weiter, gottlob, nun bist du schon auf dem Broadway, siehst die sonderbar spitzwinkelige steile Front des Times Building wieder vor dir und die viele Meter hohen Gerüste der Lichtreklamen, die farbigen Fische auf dem gigantischen Transparent für Wrigley's chewing gum und die mit tausend winzigen Glühlampen bedeckte Fläche des Grotesktänzers (wenn das am Abend alles in Leuchtbetrieb ist, bist du nach einer Viertelstunde taumelig!) – gottlob, nun kannst du untertauchen in dem Gewühl der zu grell geschminkten Frauen und der hemdärmeligen, schwitzenden, zigarrenkauenden Männer, Hüte im Genick und Taschentücher in den offenen Kragen – es ist aber auch wirklich höllisch heiß geworden, heiß und feucht. Und wiewohl es allen Gründen der Vernunft und Ökonomie ins Gesicht schlägt – du kannst der Versuchung nicht widerstehen, an einem der vielen „Nedicks" haltzumachen und einen der herrlichen Fruchtsäfte zu trinken, die es nirgends in Europa, nicht einmal in Konstantinopel, in ähnlicher Reichhaltigkeit und Köstlichkeit gibt. „Piña colada" sagst du, den romanischen Wohlklang wie einen Vorgeschmack auf der Zunge, und legst einen „nickel", ein Fünfcentstück auf den counter, „one piña" antwortet das weißgeschürzte Mädchen, und schon fließt der schäumende Saft in den roten Becher, der sich mit Reif beschlägt, there you are, mister, schon ist der Nächste an der Reihe, coconut drink, grapefruit juice, maltet milkshake – die Nickel regnen nur so in die Kasse, du aber schließt die Augen und trinkst und spürst Duft und kühle Süße und animalisches Wohlgefühl und die Gedanken hören auf und der Druck in der Kehle hört auf und du versöhnst dich wieder mit deinem Schicksal und dem Leben. ...

Der Strom treibt dich weiter, Broadway-aufwärts, uptown, vorüber an dem großen Restaurant, vor dem nun schon seit Wochen Streikposten, sogenannte pickets, auf- und abmarschieren und die Passanten in rhythmischen Sätzen zum Boykott des Lokals auffordern – „Brass Rail is on strike, please pass it by; Brass Rail is on strike, please pass it by; Brass Rail is on strike..." – unabsehbar, wie lange das noch so gehen wird; und selbst ein paar Gäste sitzen arrogant hinter den blinkenden Scheiben. Vielleicht wurden sie vom management sogar zu diesem Zweck engagiert (da wäre vielleicht eine bequeme Verdienstmöglichkeit für einen refugee, aber pfui Teufel!), vielleicht auch sind es echte Gäste, die mit ihrem lunch eine Demonstration ihrer Welt- und Geldanschauung verbinden.

Schattenlos liegt der Columbus Circle im grellen Licht. In seiner Mitte aber steht er selbst, der Seefahrer Christopher Columbus, in Stein gehauen, den Blick hochmütig in die Ferne gerichtet. Sein Aberglaube hat Berge versetzt und Land dazu, Traumland und Traumberge in die Wirklichkeit. Unter diesem Blick haben Raum und Zeit, die beiden Dimensionen des historischen Geschehens, Dimensionen angenommen – der Raum ward ungeheuer und die Zeit neu – kein Wunder, daß er so stolz aufgerichtet auf seinem Postamente steht! Und wahrlich, dank seiner Gold- und Ruhmsucht haben in diesem jungen Land, dem er die Zivilisation ein- und die Urbevölkerung umbrachte, die Unterdrückten und Verfolgten aller Nationen Asyl gefunden, von den Emigranten der „Mayflower" bis zu denen der „Georgic" und „Liberté" – wenn auch zwischen diesen Schiffen, den Passagieren und den Gründen und Bedingungen ihrer Flucht mancherlei Unterschiede bestehen. Gut übrigens, Christopher, daß du im 15. und nicht im 20. Jahrhundert auf die Welt kamst, nicht nur im allgemeinen, weil diese in der Zwischenzeit auf den Hund kam, sondern vor allem, weil du heute, trotz deinem Entdeckerdrang, nichts mehr zu entdecken finden würdest, keinen Erdteil, kein Erdteilchen, kein Inselchen mehr, so bitter man seiner auch bedürfte. Die Welt ist eingeteilt, aufgeteilt, ausverkauft, und du wärest heutzutage arbeitslos, out of a job. Und wenn du zufällig einen Affidavitgeber entdeckt und dir die Landung in den Vereinigten Staaten von Amerika nach vielen Hindernissen und Gefahren erkämpft gehabt hättest, so könntest du dich jetzt vor einer Arbeitsvermittlungsagentur in der Ninth Avenue anstellen, und von einem Denkmal wäre überhaupt keine Rede! Yes, sir, that's how it is, so goes the world. –

Der Verkehr ist hier um diese Mittagsstunde verhältnismäßig gering, aber abends werden sich dem Denkmal gegenüber Redner aufpflanzen, auf kleinen hölzernen Podien, „soap boxes" genannt, die stars & stripes an ihrer Seite, und werden ein Stückchen Londoner Hyde Park etablieren, denn hier kann, einer alten Tradition gemäß, jeder sagen was er will und so laut er will – und speziell laut wollen die meisten. Und da auch an Publikum niemals Mangel herrscht, das ihren Monologen Echo gibt, so befreien sich die Redner denn auch von allem, was ihnen auf dem Herzen oder im Magen liegt.

Keine üble Einrichtung, in der Tat! Alle Rührseligen und Geladenen finden hier ein unvergleichliches Ventil zur Abreagierung ihrer revolutionären Komplexe, jeder Prophet die Stelle, wo er auch im eigenen Lande etwas gilt. Nicht uneben, darüber zu meditieren, ob sich die politische Entwicklung in Deutschland anders vollzogen hätte, wäre so etwas vorhanden gewesen; aber das Symptomatische war eben das Nichtvorhandensein einer solchen Einrichtung, die offenbar dem einen Volkscharakter gemäß und dem andern fremd ist oder gar wider den Strich geht. Denn hier ist, genau besehen, ein Institut der politischen Seelenhygiene errichtet, ein Rummelplatz der Weltanschauungen mit Einschluß einiger Unterweltanschauungen, eine Schmierentribüne, die die generöse Demokratie auch potentiellen Demagogen frei zur Verfügung stellt, eine Arena, in der sich auf die Dauer nur die besten Kehlköpfe behaupten können, ein Forum, von dem aus allabendlich die kathartische Wirkung der Redefreiheit bewiesen wird und ihre Fähigkeit, die Milch der frommen Denkart sowohl vor dem Ranzigwerden wie auch vor der Verwandlung in gärend Drachengift zu bewahren. Bereits um sechs Uhr abends beginnt es: für den lieben Gott, gegen den lieben Gott, für Roosevelt, gegen Roosevelt, für Fordismus, gegen Fordismus, für Geburtenkontrolle und gegen die erhöhte Zigarettensteuer und, wie sich, sobald die Rede in Schwung kommt, herausstellt, gegen Steuern samt und sonders; diese Gruppe hier ist entschieden für ein freies Amerika, jene Gruppe dort ist ebenso entschieden ebenfalls für ein freies Amerika – bloß wenn das Wort „democracy" fällt, beginnen sie drüben zu johlen und schwingen die antisemitische Zeitschrift des Father Caughlin, und bei den Worten „Hitler" und „Mussolini" klatschen und pfeifen sie anerkennend und stoßen die Rechte in die Waagrechte – siehe da, sie haben schon etwas gelernt in den camps des German-American Bundes (und wer weiß, was sie noch alles gelernt haben), man fühlt sich direkt angeheimelt. Gegen neun Uhr ist der Tumult schon beträchtlich, man beginnt sich gegenseitig ein bißchen auf die Nasen zu boxen, und das hat seinerseits wieder zur Folge, daß die „cops", die Wachleute, ihre Gummiknüppel vom Gürtel lösen und freundlich sagen: „Now take a walk, folks, go on, go on, yer wife is waitin' fer you, go on home an' take it easy or I'll help you the hell out of here!" Und einer so höflichen Aufforderung wird gewöhnlich auch ohne weiteres Folge geleistet.

Wie gesagt, das wird sich aber erst am Abend abspielen, vorläufig, während der business hours, gehen bloß liefernde Ladenmädchen, Vertreter, Müßiggänger und distinguierte out-of-towners über den Platz. Bisweilen springt ein halbwüchsiger Junge auf dich zu, eine Kiste mit Schuhwichse und Bürsten unter dem Arm, deutet vorwurfsvoll auf deine Füße und sagt dazu „shine, mister, shoe-shine, first class job for a nickel!". Das sind, wenn man der Fama glaubt, die künftigen Rockefellers auf der ersten Stufe ihrer Karriere – aber wer glaubt noch dieser Fama. – Auf den Bänken drüben im Central Park (gottlob, endlich eine unentgeltliche Sitzgelegenheit!) sitzen ein paar Leute, die wie Büroangestellte aussehen, und verzehren ihren Sandwich-lunch, spielen ein paar Leute, die wie Arbeitslose aussehen, Karten, füttern ältere Damen Spatzen und Tauben, zanken Nurses mit Kindern... und zu gleicher Zeit durchschneidet der Bug der QUEEN MARY den Ozean... die Passagiere, noch vor kurzem nur wenige Straßen von hier entfernt, sind nun schon unerreichbar weit, nehmen von New York bestenfalls gerade noch das berühmte Panorama wahr, ein paar verblassende Wolkenkratzer in der Ferne, Empire State, Chrysler Building, Rockefeller Center... gedenken der Armen, der Millionen, die in dieser kochenden Steinwüste herumwimmeln... bald wird ihnen die ganze Küste an den Horizont entweichen und über seinen Rand ins Wasser gleiten und nur mehr Himmel und Wasser werden sie umschließen und tragen. Das Wasser... plastisch sehe ich es vor mir, grüngläsern aufgischtend wo der Bug es durchschneidet, ich rieche die starke freie kühle Luft des Meeres, und wie im Film tritt vor meinen Augen plötzlich eine Überblendung ein – der weiße Gischt verwandelt sich in weiße Gletscher, eisklare flüssige Luft, ein schmaler Pfad im funkelnden Schnee, hinter mir die knirschenden Schritte meines Bruders, wenn ich mich zu ihm umwende, lacht er – ohne Grund, und auch ich lache ganz einfach los, betrunken von der Luft, vom Leben, von der Freude, auf der Welt zu sein, auf einer Welt, die so unsagbar schön ist – das war vor zwei Jahren, Ferienwanderung im Ötztal, unter uns Obergurgl, links die Wildspitze, das Zuckerhütl, und vor uns, wenige hundert Meter entfernt, das Ramolhaus, unser Ziel. Und in dem Fremdenbuch dort oben stehen unsere Namen und das Datum, stehen noch immer dort, Zeugen unseres Dagewesenseins, eine von den wenigen Spuren, die noch von uns vorhanden sind in dem Land, wo wir geboren wurden. Weiß Gott, viel Sichtbares ist nicht mehr von uns drüben... auf meinem Fahrrad fährt jetzt irgendein Hitlerjunge durch die bekannten Straßen... über den Ring... den Stadtpark entlang... Ein Auto bleibt aufkreischend knapp vor mir stehen. Der Lenker beugt sich aus dem Fenster und beschimpft mich. Wo zum Teufel glaube ich mich zu befinden? Was ist los mit mir? Bin ich lebensüberdrüssig, or somethin'? „Sorry, mister“ murmle ich erschrocken und trolle mich eiligst.

Auf dem Gehsteig stehe ich still, wische mir den Schweiß von der Stirn. Nein, sage ich zu mir selber, so geht das nicht. So geht das wirklich nicht, der Mann hat recht. Du bist jetzt in New York, mein Lieber, und mußt das Licht sehen lernen, rot, grün, oder übertragen, sonst kommst du unter die Räder. Morgen früh also wirst du in die agency gehen. Und wirst den ersten job, den du kriegen kannst, annehmen. Verstanden?

Ja, verspreche ich mir kleinlaut, ja. Ich werde in die agency gehen – morgen früh, ganz bestimmt...!

*New York, Sommer 1939*

## *Umrisse einer Autobiographie für junge Amerikaner (1980)*

Felix Pollak, geboren am 11. November 1909 in Wien, Österreich. 6 Jahre Grundschule, 8 Jahre Gymnasium (was hierzulande ungefähr der High School und dem College bis zum Beginn der Graduate School entspricht). 8 Jahre Latein, 5 Jahre Griechisch im „humanistischen“ Zweig des Gymnasiums, den ich wählte. Sämtliche Fächer Pflichtfächer, mit Einschluß von Religion und Turnen; die Naturwissenschaften zwar alle vertreten, doch lag das Schwergewicht auf den Geisteswissenschaften. (Es gibt auch andere Arten von Höheren Schulen zu 8 Jahren, die man als Vorbereitung fürs Studium an einer Universität oder Technischen Hochschule wählen kann: solche, in denen das Schwergewicht auf Mathe und auf den Naturwissenschaften und modernen Sprachen liegt, während Latein und Griechisch wegfallen.) Nach Abschluß der Gymnasialzeit hat man eine schwere, schriftliche wie mündliche, Prüfung zu bestehen, die sich auf die Gesamtheit des in jenen 8 Jahren aufgehäuften Wissens erstreckt. Diese Prüfung heißt „Matura“, also Reifeprüfung – eben im Hinblick darauf, daß man nunmehr befähigt ist, die Universität zu beziehen. Dort mußte man, nachdem man sich ordnungsgemäß eingeschrieben hatte, ein bestimmtes Studiengebiet wählen, das zur Promotion und zu einer entsprechenden beruflichen Karriere führte: z.B. Medizin, Jura, Theologie, das Lehramt, Ingenieurwissenschaften usw. Je nach Fach dauert dieses Studium 4 bis 5 Jahre. Ich wählte Jurisprudenz, nicht eigentlich weil ich besonders daran interessiert gewesen wäre, sondern weil mein Vater darauf bestand, daß ich einen „Brotberuf“ erlernte. Gleichzeitig aber, nach manch einer stürmischen Szene daheim, schaffte ich es, in das hochangesehene Theaterseminar von Max Reinhardt aufgenommen zu werden, dem berühmten deutschen [*sic*] Bühnenregisseur, der später dann ebenfalls ein Opfer des Nazismus wurde. Reinhardt – oder „der Professor“, wie ihn seine Studenten ehrfürchtig nannten – beglückte die Wiener Lokalitäten freilich nur selten durch seine Gegenwart, doch unsere Lehrer zählten dafür zu den besten Schauspielern und Regisseuren Wiens; auch Otto Ludwig Preminger war darunter, der nachmals zur Hollywoodberühmtheit oder, je nach Ansicht, -berüchtigtheit avancierte. Mein Interesse galt hauptsächlich der Regieführung, und ich wurde einmal, auf dem Höhepunkt meiner kurzlebigen „Laufbahn“ beim Theater, dazu ausersehen, als angehender Regisseur „den Professor“ nach Salzburg zu den Festspielen zu begleiten und unter seiner persönlichen Oberaufsicht den *Sommernachtstraum* als Freilichtaufführung vor Schloß Kleßheim zu inszenieren. Ich hatte dafür gesorgt, daß an beiden Abenden, an denen wir spielten, der Vollmond schien, und diese magische Szenerie, zusammen mit den von einer Tanzschule ausgeliehenen Elfen, die bald mit den Bäumen verschmolzen, bald sich wieder von ihnen lösten und über den Rasen huschten, trug dazu bei, daß die Aufführung ein Erfolg wurde. Wenig später marschierte Hitler in Österreich ein, begrüßt und umjubelt von der Mehrheit der Bevölkerung, und Juden wie ich mußten, so mühsam es war, aus ihrer Vaterstadt und Heimat flüchten, bloß um das nackte Leben zu retten. Allzu viele nur waren es, denen dies nicht mehr gelang und die in den Gaskammern der nazistischen Konzentrationslager endeten.

Meine engere Familie hatte Glück. Mein 4 Jahre jüngerer Bruder brachte es fertig, von der Medizinischen Fakultät der Schweizer Universität Basel angenommen zu werden, um dort sein Studium mit der Promotion zum Dr. med. abzuschließen; er konnte legal ausreisen. Mein Paß hingegen wurde zwei Tage nach dem „Anschluß“, der Einverleibung Österreichs durch Deutschland, eingezogen, gerade als ich versuchte, ihn verlängern und seine Gültigkeit auf sämtliche Länder der Erde ausdehnen zu lassen. Über all das angemessen zu schreiben würde ein ganzes Buch erfordern. Ich habe da einige Hemmungen; aber vielleicht schreibe ich es doch noch, wenn ich lange genug lebe. Hier möchte ich nur kurz anmerken, daß die Schwierigkeit für unsereinen, sein Leben zu retten, während der ersten paar Monate der Hitlerherrschaft in Österreich nicht so sehr darin lag, das „Dritte Reich“ verlassen zu können, als vielmehr darin, irgendein anderes Land betreten zu dürfen. Denn alle umliegenden Länder schlossen rasch ihre Grenzen, um dem befürchteten Zustrom von Flüchtlingen, die ohne Unterhaltsmittel waren, vorzubeugen – die Nazi-Übermenschen erlaubten ihren Opfern den Gegenwert von [damals] 2 Dollar, um in die weite Welt hinauszuziehen. Und ich bin dann tatsächlich mit genau diesem Geldbetrag in den USA angekommen. Doch auch die Nationen, die nicht an Deutschland grenzten, Amerika eingeschlossen, besaßen Einwanderungsquoten für Flüchtlinge oder gewährten ihnen, wie viele südamerikanische Staaten, nur nach Entrichtung einer Einlaßgebühr von mehreren tausend Dollar Zugang, wozu noch der Nachweis kam, daß die Neuankömmlinge dem betreffenden Staat nicht zur Last fallen würden. Man muß gerechterweise zugeben, daß die meisten Länder Ende der dreißiger Jahre ihre eigenen wirtschaftlichen und Arbeitslosenprobleme hatten und gewissermaßen in Notwehr handelten, so verhängnisvoll dies sich auf die Massen der plötzlich Entwurzelten auswirkte, deren einziges Verbrechen darin bestand, sich bei der Geburt die „falsche" Rasse – gemäß der Definition der sogenannten „Herrenrasse" – ausgesucht zu haben. Ich mußte volle 3 Monate Schlange stehen, tagsüber und zur Nachtzeit, um meinen Paß zurückzuerhalten. Dabei besaß ich jedoch noch immer kein Einreisevisum ins Ausland, während inzwischen bereits meine Freunde verhaftet wurden und in zunehmendem Maße zu verschwinden begannen, ob unmittelbar aus den Straßen Wiens oder, bei nächtlichen Terrorüberfällen von SA- oder SS-Horden, aus ihren Wohnungen. Was ich aber wenigstens schon in Händen hatte und als meinen kostbarsten Besitz betrachtete, war ein Affidavit, das zur Einwanderung in die USA berechtigte: die eidesstattliche Versicherung, anders gesagt, eines amerikanischen Bürgers, so lange für meinen Lebensunterhalt aufzukommen, bis ich selber dazu imstande sein würde. Der Unterzeichner war ein sehr entfernter Verwandter von mir über meine Großmutter mütterlicherseits, und ich vermochte auch nie die Einzelheiten dieser Bürgschaft in Erfahrung zu bringen (die Gründe dafür sind zu umständlich und komplex, als daß ich sie hier darlegen könnte).

Zuletzt, ausgerüstet mit meinem deutschen Paß, auf den ein großes „J" für „Jude" gestempelt war, und bewaffnet mit meinem Affidavit, das ich wie einen Schatz hütete, beschloß ich, nicht weiter zuzuwarten. Ich teilte meinen Eltern mit, ich würde versuchen, in aller Eile an die französische Grenze bei Saarbrücken zu gelangen, da gerüchtweise verlautete, die Naziwächter seien dort bestechlich und würden einem gegebenenfalls den Übertritt nach Frankreich erlauben. Freilich, sollte man von diesen Wächtern zurückgeschickt oder von französischen Grenzern gefaßt und wieder auf deutsches Gebiet überstellt werden, so hieß das: Einlieferung in ein Konzentrationslager. Und damit war das Schicksal des Betreffenden besiegelt. Ich hatte indes das Gefühl, das Risiko und die Gefahr seien noch größer, wenn ich in Wien blieb und auf die englische Einreisebewilligung wartete, die ich beantragt hatte, deren Erteilung aber noch Monate dauern konnte. Mein Vater war gegen meinen Plan, und meine Mutter heulte einfach los, als sie davon erfuhr; doch ich war nun einmal entschlossen. Im September 1938 bestieg ich in Wien den Zug. Ich verfügte, von ein paar Dollar für unvorhergesehene Ausgaben abgesehen, gerade über genügend Geld, um die besagten Wächter bestechen zu können.

Auch diesmal kann ich die Vorgänge nur gekürzt wiedergeben. Dank einer plötzlichen Eingebung in Frankfurt, wo ich eigentlich in den Zug nach Saarbrücken hätte umsteigen müssen, flog ich nämlich statt dessen – ohne Visum und ohne Einreiseerlaubnis – nach Paris. Vorher hatte ich noch an meinen Bruder in der Schweiz telegraphiert und ihn gebeten, er möge seine sämtlichen Bekannten in Paris alarmieren und sie veranlassen, mich abzuholen und für mich zu bürgen, da man mich andernfalls unweigerlich nach Deutschland und in den sicheren Tod zurückschicken würde. Ich meinerseits trug ein kleines schwarzes Notizbuch bei mir, das Anschriften aus aller Welt enthielt: Namen und Adressen, von denen ich gehört und die ich gesammelt hatte, aus Städten von Oslo bis nach Schanghai und Rio de Janeiro. (Vor meinem Abflug wurden meine Papiere aufs genaueste überprüft, und ich selbst mußte mich nackt einer eingehenden Leibesvisitation unterziehen, verbunden mit Drohungen, was mir blühen würde, sollte ich irgendwelches Geld zu verbergen suchen. Natürlich deklarierte ich sofort meine gesamte Barschaft; zur Begründung gab ich an, ich hätte weder die Höhe des Flugpreises gewußt noch auch absehen können, wie lang ich mich bis zur Buchung des Fluges in Frankfurt würde aufhalten müssen. Man bedeutete mir, all mein Geld mit Ausnahme jener 2 Dollar wieder an meine

Eltern zu senden und den Beleg dafür vorzuweisen. Daß ich kein Einreisevisum nach Frankreich besaß, war, so erklärte man mir, nicht Sache der Deutschen; ich hätte das mit den Franzosen auszumachen und wäre erst dann ein Gegenstand deutschen Interesses, wenn ich zurückgeschickt würde.) Von all den Leuten, die benachrichtigt worden waren, kamen lediglich zwei, ein Ehepaar, auf den französischen Flugplatz; doch diese zwei holten mich ab und bürgten als französische Staatsangehörige für mich. Sie retteten mir das Leben. Nach vielen Wochen, während deren ich vom Jüdischen Flüchtlingskomitee [Jewish Refugee Committee] finanziell unterstützt wurde, erhielt ich meine englische Einreisebewilligung und konnte nach London und zu der Familie, die dort für mich gebürgt hatte, weiterfahren. (Die Frau war eine frühere Schulfreundin meiner Mutter.) Nach nochmals mehreren Wochen bangen Wartens und in ständiger Sorge wegen meiner Eltern in Wien – mit denen ich, um nicht die Aufmerksamkeit der Behörden auf sie zu lenken, keine Verbindung aufzunehmen wagte – traf endlich mein amerikanisches Einreisevisum in London ein, und am 7. Dezember 1938 kam ich in New York an.

Vor mir lagen unbestimmte Hoffnungen und die Notwendigkeit, Englisch zu lernen und irgendwie in dieser im wahrsten Sinne des Wortes Neuen Welt Fuß zu fassen – so schlecht ich auch, was praktische Fertigkeiten betraf, für derlei vorbereitet war. Hinter mir lagen zerstörte Pläne und Hoffnungen, eine zerstörte Welt, meine Bücher, die Manuskripte meiner gedruckten und ungedruckten Lyrik und Prosa, ein beinah beendetes, bloß noch nicht ganz bis zum Doktorat gediehenes Studium, meine Freunde und Freundinnen und vor allem meine Eltern. Sie aus Österreich heraus- und hierherzubringen war für mich, nachdem nunmehr mein eigenes Leben gerettet war, die vordringlichste Aufgabe; und daß das gleiche auch für meinen Bruder galt, der in Basel hektisch auf seinen Studienabschluß und seine Übersiedlung nach den USA hinarbeitete, versteht sich wohl von selbst. Angesichts der ständig zunehmenden Grausamkeit der Judenverfolgung in Deutschland, Österreich und den besetzten Ländern erwies sich unsere unverminderte Sorge um unsere Eltern als nur allzu berechtigt. Wie sich ergab, kam mein Vater dann lediglich bis England, wo er einem Herzschlag erlag; meine Mutter hingegen gelangte wohlbehalten hierher und starb, 92jährig, erst vor zwei Jahren. Die meisten unserer entfernteren Verwandten – Onkel und Tanten, Vettern und Nichten usw. – wurden ausgerottet.

Ich habe seinerzeit auf deutsch einen Bericht über meine ersten Monate in New York verfaßt: halb Reportage, halb Erzählung, aber nicht etwa fiktionalisiert. Diese Geschichte wurde, sonderbar genug, 40 Jahre danach in einer führenden deutschen Zeitschrift gedruckt [vgl. „New York, ein Schiff, ein Emigrant"] und heuer von einem Schauspieler im österreichischen Rundfunk gelesen. Der Zufall wollte es, daß ich mich gerade zu einem 6-wöchigen Besuch in Wien befand, und es war schon ein sonderbares Gefühl, aus meinem Hotelzimmer über die Dächer jener Stadt zu blicken, die mich ein halbes Menschenalter zuvor ausgestoßen hatte, und dabei zuzuhören, wie meine Worte in ebendieselben Wohnzimmer der Leute gesendet wurden, die mich einst vertrieben, ja mir sogar nach dem Leben getrachtet hatten. Doch war es inzwischen zu spät, um irgendwelche Gefühle von Triumph, Vergeltung oder ausgleichender Gerechtigkeit zu empfinden; was ich fühlte, war bloß eine Art scheuer Verwunderung.

Ich hielt mich weniger als ein Jahr in New York auf, wo ich mich mit Gelegenheitsarbeiten wie Hausieren (ich versuchte es jedenfalls) oder in einer Fabrik oder als Doughnutbäcker usw. durchbrachte. Des öfteren ging eine Firma, bald nachdem sie mich eingestellt hatte, pleite – und wer darin einen ursächlichen Zusammenhang sehen will, hat vielleicht nicht völlig unrecht. Zwischendurch war ich auch ganz ohne Beschäftigung und mußte das Jewish Refugee Committee um Unterstützung bitten. Aber in jener Zeit der hohen Arbeitslosenzahlen und allgemeinen Wirtschaftskrise, als eine Stelle mit einem Wochenlohn von 12 Dollar als begehrenswertes Pöstchen galt, wurde es ohnehin immer schwieriger, irgendwo unterzukommen. Da ich allmählich den Mut verlor, eine sinnvolle Beschäftigung zu finden, und mich die Almosen, die ich ab und zu empfing, mit wachsendem Widerwillen und einem Gefühl von Schuld und Versagen erfüllten, so war ich nicht übermäßig unglücklich, als eine der in jenem Komitee tätigen Damen mir eines Tages erklärte, es gebe eben einfach zu viele Flüchtlinge in New York, und in einem kleineren Ort wäre ich viel besser aufgehoben und hätte auch bessere Zukunftsaussichten. Ich war mir darüber im klaren, daß ich mit meiner juristischen Berufsausbildung hier nicht das geringste anfangen konnte, da ja das österreichische Rechtssystem auf dem römischen beruht, das englische und amerikanische aber auf dem Gewohnheitsrecht, dem Common Law. Erkundigt hatte ich mich natürlich schon; doch was ich erfuhr, war, daß mir meine Wiener Studienzeit kaum angerechnet werden könne und daß ich bei einem hiesigen Jurastudium wieder ganz von vorn würde beginnen müssen. Und das kam aus offenkundigen Gründen – Geldmangel sowohl als auch mangelnder Neigung – überhaupt nicht in Frage; ebenso war, bei meinen unzulänglichen, obzwar sich schnell verbessernden Englischkenntnissen und angesichts der grassierenden Arbeitslosigkeit, jedwede Hoffnung auf eine Bühnenlaufbahn von vornherein zur Aussichtslosigkeit verurteilt. (Eine kleine deutschamerikanische Flüchtlingstheatertruppe, der ich mich zeitweilig anschloß, ging nach wenigen Monaten ein.) Während meines letzten Wiener Jahres hatte ich bei einem Kunstbuchverlag gearbeitet, doch als ich jetzt bei New Yorker Verlagshäusern vorsprach, kam ich nie weiter als bis zu den Sekretärinnen, die mir höflich, aber bestimmt versicherten, meine Leistungen seien derzeit nicht gefragt, und mir ausnahmslos nahelegten, ich solle ja nicht *sie* anrufen, sondern sie würden zuverlässig – im Bedarfsfalle – *mich* verständigen. Gelegentlich stieß ich auch auf einen Geschäftsführer oder einflußreichen leitenden Angestellten – zumindest behauptete er derlei von sich – und wurde mit dem Versprechen beschieden, er wolle mir in seinem bedeutenden Unternehmen einen guten Job verschaffen; ich brauche ihn bloß am nächsten Montagmorgen anzurufen, hier sei seine Karte. „Machen Sie sich keine Sorgen, Felix, ich werd's Ihnen richten; Sie müssen nur mich persönlich verlangen.“ Überglücklich, rief ich ihn am Montagmorgen an und kam auch tatsächlich bis zu ihm durch; nur schien er übers Wochenende sein Gedächtnis eingebüßt zu haben, denn er fragte immer wieder: „Felix? Wos für ein Felix?“ Zuletzt schließlich pflegte er zu sagen: „Ach ja, ich erinner mich an Sie – geben S' mir doch noch ein paar Tage, rufen S' am Donnerstag an.“ Das wiederholte sich mit solcher

Regelmäßigkeit, daß ich mir nach einiger Zeit nicht einmal mehr die Mühe machte, diese Typen anzurufen, sondern ihre Geschäftskarten wegschmiß. Einmal, fällt mir ein, ergatterte ich einen Job in einem Taschenbuchladen in der Bronx, der aus einem Loch in der Hausmauer und ein paar behelfsmäßigen Bücherkisten auf dem Gehsteig bestand. Da meine Tätigkeit als erstklassige Geistesarbeit und obendrein als „ruhige Kugel" galt, war ich – für ein wöchentliches „Gehalt" von 9 Dollar – 10 bis 12 Stunden im Dienst. Doch leider wurde ich bereits nach einer Woche wieder entlassen, weil ich nämlich während der Arbeitszeit gelesen hatte. Niemals in ein Buch zu schauen und sich niemals anzulehnen, geschweige denn hinzusetzen: das waren die Grundregeln, um die Stelle zu behalten, und ich hatte gleich alle drei auf einmal verletzt. Daher war ich, wie gesagt, nicht übermäßig unglücklich, als das Refugee Committee meinen Umzug nach Buffalo [im Norden des Staates New York] beschloß. Ich erinnerte mich an den Ort aus meinen Geographiestunden im Gymnasium. Das war dort, wo sich die Niagarafälle befanden. Ich schlug vorsorglich in einem Atlas nach. Buffalo – warum eigentlich nicht? Was hatte ich zu verlieren? Mein Bruder war in der Zwischenzeit ebenfalls angekommen und als Assistenzarzt in einer Klinik in Nyak, New York tätig. Wir wohnten also wenigstens noch im selben Staat. Da es mir nicht vergönnt gewesen war, allzu viele irdische Güter zu erwerben, seit ich Wien mit meiner Zahnbürste verlassen hatte, reiste ich noch immer mit leichtem Gepäck, als ich an meinem neuen Bestimmungsort eintraf.

Eine Zeitlang lief meine Tätigkeit in Buffalo auf eine Wiederholung dessen hinaus, was ich in Gotham [= New York] getrieben hatte. Die Stadt war, verglichen mit dem „großen Apfel" [Big Apple: scherzhafte Bezeichnung der Stadt New York], den ich hinter mir gelassen hatte, zwar bloß ein „kleiner Apfel", schmeckte aber genauso grün und sauer. Immerhin antworteten mir hier mehr Leute auf englisch, wenn ich mich in der neuen Sprache versuchte; denn in New York riefen meine diesbezüglichen Bemühungen gewöhnlich eine Antwort in jiddischer oder deutscher Sprache oder in einer Mischung aus beiden hervor, was meinen sprachlichen Lernvorgang nicht unbeträchtlich verzögerte. Ansonsten war die Lage in Buffalo damals ziemlich deprimierend, und weder der Arbeitsmarkt noch die Damen im Refugee Committee dieser Stadt waren dazu angetan, in mir viel Hoffnung zu erwecken. England und Frankreich hatten mittlerweile Deutschland den Krieg erklärt, aber Schlachten fanden keine statt, und Zeitungen und Rundfunk sprachen verächtlich vom „phoney war" [„Sitzkrieg" im Gegensatz zum „Blitzkrieg"]. Die amerikanischen Isolationisten, unter Führung von Charles Lindbergh, Senator Wheeler und dem antisemitischen Pater Caughlin, schimpften auf die „Kriegstreiber", für die Präsident Roosevelt stand; von einer nicht minder tiefen Kluft war das Land gespalten, was die Haltung gegenüber den Flüchtlingen vor dem Faschismus betraf, die den „eingeborenen" Amerikanern die ohnehin schon spärlichen Arbeitsplätze „wegzunehmen" drohten. Nun, meine Eltern waren bereits in England, und meine Briefe an sie malten in leuchtenden Farben das Glück aus, das ich in der Neuen Welt genoß, mit Erfolg und Wohlstand „gleich um die Ecke".

Eines Nachmittags raffte ich mich, in einem Anfall von Verzweiflung, zu einem ganz unwahrscheinlichen Versuch auf, eine geeignete Beschäftigung zu finden: ich ging in die Stadtbibliothek und fragte nach dem Direktor. Zu meiner Überraschung wurde ich vorgelassen und in einen überheizten Büroraum geführt, wo ich mich einem älteren Gentleman, der sich als Kettenraucher von Old Gold-Zigaretten erwies, gegenübersah. Er forderte mich die ganze Zeit nicht auf, meinen schweren europäischen Mantel abzulegen, so daß ich während dieses Interviews, das, wie sich zeigen sollte, mehr als 2 Stunden in Anspruch nahm, reichlich ins Schwitzen geriet. Zu meiner Verblüffung bezog sich das Interview aber gar nicht auf mich, sondern war einer detaillierten Schilderung des amerikanischen Bürgerkriegs gewidmet, womit der alte Herr, der offensichtlich nichts zu tun hatte und froh war, einen unfreiwilligen Zuhörer gefunden zu haben, mich bedachte. Da er zumeist bloß vor sich hin murmelte und da meine Englischkenntnisse noch immer recht lückenhaft waren, verstand ich von der ganzen Vorlesung herzlich wenig, gewann aber dafür die feste Überzeugung, daß es sich bei jenem Krieg in der Tat um einen sehr langen gehandelt haben müsse. Mein immer dringenderes

Bedürfnis auszutreten (das ich natürlich nicht einzugestehen wagte) trug keineswegs dazu bei, mein Unbehagen zu mildern. So litt ich denn weiter und war gespannt, wann ich wohl ohnmächtig werden oder platzen würde; auch zwickte ich mich mitunter in den Arm, um mich zu vergewissern, daß dies alles wirklich vor sich ging. Ich war inzwischen davon überzeugt, einem sanften Irren in die Hände gefallen zu sein, der es auf meine Vernichtung abgesehen hatte. Ein verrücktes Land, wahrhaftig! Gleichzeitig ergötzte sich aber der Schriftsteller in mir an der Bizarrerie der ganzen Situation, und ich schwelgte schon in der Vorfreude, dies alles meinem Bruder in einem ausführlichen Brief à la Dickens zu erzählen. Ich glaube, ich hatte nun ebenfalls den Zweck meines Hierseins aus den Augen verloren; nicht im Traum dachte ich mehr daran, daß dieses Abenteuer mit meiner Anstellung bei der Buffaloer Stadtbibliothek enden könnte. Das einzige, was ich wollte, war, in drei Teufels Namen hier rauszukommen und auf die Toilette zu gehen. Schließlich erreichte ich auch – mit dem Gefühl, wie General Custer bis zuletzt Widerstand geleistet zu haben – beide Ziele; doch kurz ehe diese erlösenden Umstände eintraten, lächelte der alte Herr gütig und sagte: „Okay, Felix, wenn Sie bereit sind, sich an der University of Buffalo einzuschreiben, um den Grad des B.A. [ das Bakkalaureat] in Bibliothekswissenschaft zu erwerben, stellen wir Sie mit einem Wochengehalt von 9 Dollar hier an. Haben Sie dann Ihre Prüfungen bestanden und Ihr Diplom erhalten, werden wir weitersehen." Ich sprudelte meine Dankesworte in einem Gemisch aus Deutsch, Englisch, Griechisch und Latein hervor und taumelte zur Tür, als er mich nochmals zurückrief. „Ich möchte Ihnen einen guten Rat für Ihr Fortkommen hierzulande geben, Felix", sagte er, „und der lautet: In diesem Land hier können Sie tun, was immer Sie wollen, aber lassen Sie sich dabei nicht erwischen!" Ich versprach es. Dann stürzte ich zur Toilette. Es war allerhöchste Zeit. Beinahe hätte es mich dabei doch erwischt.

So begann meine Laufbahn als Bibliothekar – auf dem Rosenpfad, könnte man sagen. Ich stürmte ins Büro des Jewish Refugee Committee und jagte der guten Mrs. Finkelstein mit meinen leidenschaftlichen Bitten, mir ein Darlehen zwecks

Einschreibung an der University of Buffalo zu gewähren, einen geradezu panischen Schrecken ein. Ich drohte ihr und dem gesamten Komitee mit gräßlichen Folgen, falls man mir dieses Darlehen vorenthalten würde, und schwor heilige Eide, das Geld so schnell wie möglich wieder zurückzuzahlen – all dies, bevor sie überhaupt den Mund auftun konnte. Als sie endlich zu Wort kam, sagte sie mit schwacher Stimme, ich solle doch versuchen, mich zu beruhigen; man werde mir das Geld gewiß leihen, wenn ich erst von der Universität angenommen sei und erfahren hätte, wieviel ich benötigen würde. Ich weiß noch, daß ich sie abküßte, was sie zweifellos noch mehr erschreckte und außer Fassung brachte als meine sämtlichen Drohungen. Vermutlich machte sie Feierabend, sobald ich aus dem Zimmer war. Mein nächster Schritt bestand darin, die Telephondrähte nach Nyak heißzureden; dann suchte ich die Zulassungsstelle der University of Buffalo auf. Ich war auf dem Wege.

Nachdem ich mir diese Einzelheiten gestattet habe, muß ich wieder manches überspringen und zusammendrängen. Hier mag der Hinweis genügen, daß ich meine bibliothekswissenschaftlichen Vorlesungen mit ebensoviel Erfolg hörte (bzw. die dazugehörigen Prüfungen ebensogut bestand) wie meine einheimischen Studienkollegen; auch machte ich dabei die Entdeckung, daß es bei alledem weniger auf Sprachgewandtheit oder Denkvermögen oder besondere geistige Gaben und Anlagen ankam als vielmehr auf *Sitzfleisch*, d.h. auf die Fähigkeit, stillzusitzen und bedruckte Kärtchen fein säuberlich ein- und umzuordnen. Und da ich meine Ausdauer bereits bei meinem „Interview“ unter Beweis gestellt hatte und für selbige gebührend belohnt worden war (denn keinerlei sonstige Befähigung meinerseits war ja damals zutage gefördert worden), so war ich gern bereit, die verlangte Plackerei auf mich zu nehmen, linderte aber meine Langeweile dadurch, daß ich mir eine Freundin zulegte. Was außerdem für meine Fortschritte im Gebrauch des Englischen, beim Sprechen wie beim Lesen, von enormem Vorteil war; denn diese Freundin besaß neben anderen guten Eigenschaften eine Liebe zur amerikanischen Literatur, in der sie sich auskannte. Alles schien also nunmehr besserzugehen – bis eines schönen Morgens Uncle Sam mir seine Grüße bestellen ließ und mir mitteilte, er wolle MICH

[Anspielung auf ein bekanntes Werbeplakat mit der Aufschrift *I want YOU!*]. Für mich war es gar keine Frage, daß ich einem solchen Ruf, in diesem heiligsten und gerechtesten aller Kriege, freudig Folge leisten würde. Ich beschleunigte daher meine Bemühungen, die amerikanische Staatsangehörigkeit zu erlangen, zu welchem Behuf ich ja schon beim Verlassen des Schiffes im New Yorker Hafen meine sogenannten „First Papers" unterzeichnet hatte. Meine Dienstzeit beim amerikanischen Militär dauerte 2 1/2 Jahre, und ich habe immer mit Befriedigung festgestellt, daß Amerika und die Alliierten den Krieg gleichwohl, trotz meiner Mithilfe, gewonnen haben. Doch auch diese Erlebnisse stehen auf einem anderen Blatt.

Meine Rückkehr ins Zivilleben im Jahre 1945 bedeutete zugleich, obschon nur auf kurze Zeit, eine Rückkehr zu meiner Tätigkeit als „Leserberater" bei der Buffaloer Stadtbibliothek; dann aber, da sich hier keine weiteren Aussichten für mich boten und ich zudem nun die Möglichkeit hatte, auf Grund der sogenannten „G.I. Bill" mein Studium fortzusetzen, und zwar diesmal an einer guten Universität, bezog ich die University of Michigan in Ann Arbor und erwarb binnen eines Jahres den Grad eines Magisters der Bibliothekswissenschaft. Und nur wenige Wochen danach erhielt ich einen Ruf als Curator of Rare Books an die Northwestern University in Evanston, Illinois [einer Vorstadt von Chicago]. Einen solchen Posten hatte es dort bisher nicht gegeben; ich mußte daher, als ich das Rare Book Department aufbaute, ganz von vorn beginnen. Diese Stelle hatte ich dann volle zehn Jahre inne. Ungefähr ein Jahr nach meiner Ankunft in Evanston lernte ich über einen ausgezogenen Katalogkasten hinweg – wo denn sonst? – eine dunkelhaarige Dame namens Sara kennen und heiratete sie (mit ihrer Zustimmung, wie ich sofort hinzufügen will) ein Jahr später. Wir haben es seither miteinander ausgefochten, aber der Ausgang ist bis heute offen und das Ganze noch immer mehr oder minder unentschieden. Sara, die damals an ihrem Studienabschluß in Sprachtherapie arbeitete und später, nach Erlangung des entsprechenden akademischen Grades, zu einer Spezialistin in der Behandlung von Lernbehinderten wurde, wobei sie gleicherweise Kinder wie Lehrer unterrichtete, hat einen Sohn aus erster Ehe, der inzwischen in Cleveland im

Staat Ohio als Arzt tätig ist und seinerseits drei Kinder hat. (Und dazu, wie das so üblich war, eine Ehefrau.) Was meinen Bruder anbelangt, so heiratete er seine Wiener Freundin, die ihm noch vor Ausbruch des Zweiten Weltkriegs hierher nachgefolgt war; er hat zwei Söhne und zwei Töchter, die ebenfalls schon verheiratet sind und Nachwuchs besitzen, und lebt und arbeitet als Arzt in der Nähe von Albany, in Gloversville im Staate New York.

Als ich seinerzeit aus Wien wegging, hatte ich eine Unzahl von Schriftstücken zu unterzeichnen, darunter eines, in dem es hieß, ich würde nie wieder österreichischen Boden betreten. Ich unterschrieb es mit dem geheimen Vorbehalt, daß ich ganz im Gegenteil so bald wie nur irgend möglich zurückkommen würde, d.h. sobald Hitlers Tausendjähriges Reich vorüber sein würde. Was genau zehn Jahre später der Fall war. Zurückgeblieben waren freilich nach wie vor meine Träume und ein „fast" abgeschlossenes Doktorat. Ich habe das Wort „fast" stets als das traurigste, hassenswerteste, am meisten frustrierende Wort der Sprache – jeder Sprache – empfunden. 1951 beschloß ich, es aus meinem Wortschatz auszumerzen, zumindest was meine Wiener Studien betraf. Ich hatte dabei insofern Glück, als mein „Boss" in Evanston ein Däne war, der als Europäer für meinen Wunsch, diese Dinge abzuschließen und die abgebrochenen Brücken wiederherzustellen, Verständnis hatte, obgleich er sehr wohl wußte, daß sich daraus keinerlei berufliche Vorteile für mich ergeben würden. Ich erhielt also von ihm Urlaub, um die erste der beiden Prüfungen, die mir noch fehlten, zu machen, und schiffte mich nach meinem weiland Vaterland und meiner stiefmütterlichen Heimatstadt ein. Es war ein unbeschreibliches, geradezu phantastisches Erlebnis, dem nur ein Romancier von Rang wirklich gerecht werden könnte. Wien, noch von den Auswirkungen der Straßenkämpfe gezeichnet, die zwischen den vordringenden russischen Armeen und fanatischen, ihren wahnwitzigen Befehlen blind gehorchenden Nazisoldaten getobt hatten, bot einen trüben und traurigen und gedemütigten Anblick. Das einzige schon im Wiederaufbau begriffene Gebäude – zur Ehre der Bevölkerung und ihrer sozialistischen Regierung sei es gesagt – war die ausgebombte Oper, von der allein noch die Außenmauern standen. Und obwohl es wenig zu essen gab und die Kleidung knapp war und viele Leute bloß ein Notdach über dem Kopf hatten, spielten die Theater, die großen wie die kleinen, Abend für Abend, und Konzerte gab es in Hülle und Fülle. Doch ich widerstand allen Versuchungen, paukte und büffelte, hörte Vorlesungen in ungeheizten Räumen und bestand zur festgesetzten Zeit die Prüfung, derentwegen ich über den Atlantik gekommen war. Dieselbe Prozedur wiederholte sich im Jahre 1953, bis dann schließlich jenes letzte, sechs zermürbende Stunden dauernde mündliche Examen herankam, bei dem man einer Phalanx von Professoren gegenübersitzt, die einen über mehrere Fachgebiete prüfen. Ich war wie gelähmt vor Angst und mir jeden Augenblick bewußt, daß es jetzt oder nie darauf ankam; denn ich konnte es mir schwerlich leisten, zwischen Evanston und Wien, Illinois und Österreich hin und her zu pendeln, bis ich es zu guter Letzt geschafft haben würde. Glücklicherweise ging alles gut, und ich konnte meiner besorgt harrenden Frau und meinem Bruder und meinem ungeduldig wartenden Boss die erhoffte Siegesmeldung schicken. Ich reiste sofort ab, ohne mich wenigstens ein paar Tage von meinen Anstrengungen erholt und ein bißchen amüsiert zu haben – eine übertriebene Gewissenhaftigkeit, die ich noch heute bereue. Aber was hilft's! Ich saß schon im Flugzeug, die Wellen des Atlantik unter mir und jenes kostbare Pergament in meinem Koffer, welches bezeugte, daß ich ein ausgewachsener Doktor der Jurisprudenz war, laut Unterschrift und Siegel der gesamten Juristischen Scheißfakultät der Universität Wien. Jenes Doktordiplom und die Gefühle, die ich damit verband, waren nicht bloß Ausdruck einer schwachen Seite von mir. Sie stellten ein Symbol dar, eine Art Triumph, etwas, was sich nicht nach Dollars und Cents berechnen ließ, aber einen inneren Wert besaß, an den Dollars und Cents nicht im entferntesten heranreichten. Bei der Promotionsfeier, als ich mitten unter fremden Menschen stand, nur mit einer Handvoll alter und weitläufiger Freunde im Publikum, dachte ich natürlich an meinen Vater und wünschte natürlich, er hätte diesen Augenblick noch miterleben oder doch wenigstens davon erfahren können. „Zu spät" – auch das ist eines jener traurigen Worte, die einen nicht loslassen und mit denen wir alle im Leben fertigwerden müssen.

Im Jahre 1959 erhielt ich ein Schreiben von der Universitätsbibliothek der University of Wisconsin in Madison mit dem Angebot, dort die Stelle des Curators of Rare Books zu übernehmen. Ich fuhr zu einem Interview hin, stellte fest, daß das Rare Book Department neben zahlreichen anderen bedeutenden Sammlungen und Schätzen die Marvin Sukov Collection kleiner literarischer Zeitschriften [*little magazines* oder kurz *little mags*] besaß, die es dank den Bemühungen von Professor Frederick J. Hoffman, dem Verfasser des Standardwerkes zur Geschichte dieser Zeitschriften in Amerika, hatte erwerben können, und nahm den Ruf an. Es versteht sich, daß ich Hoffman, der am dortigen English Department lehrte, ohne viel Verzug kennenlernte; und als ich dann eine Ausstellung jener Sammlung veranstaltete und einen Aufsatz darüber schrieb und im *Library Journal* veröffentlichte, zusammen mit einem Photo der Ausstellung auf dem Umschlag, war Hoffman dermaßen begeistert, daß er mich einlud, bei der längst fälligen Neuausgabe seines Buches als Mitautor zu fungieren. Obwohl er im Umgang angeblich recht schwierig war, wie es allgemein hieß, kamen wir beide stets glänzend miteinander aus; desto mehr bedaure ich es, daß jene Gemeinschaftsarbeit leider doch nicht zur Ausführung gelangte. Ich stand damals, als öffentliche Zuschüsse von NEA [National Endowment for the Arts] etc. nicht verfügbar waren, unter fortwährendem Zeitdruck, war gezwungen, meine eigentlichen und mir wesentlichen Dinge nach Feierabend, erschöpft von der Tagesarbeit, zu betreiben, und machte daher nur geringe Fortschritte, während Hoffman selbst ohnedies ewig mit einer Vielfalt von Schreibvorhaben überlastet war. Schließlich verließ er Madison, um einen Ruf an die University of California in Riverside anzunehmen, von wo er einem weiteren Ruf, diesmal als Distinguished Professor of English, an die University of Wisconsin in Milwaukee folgte. Und kurz darauf erreichte mich die schockierende Nachricht seines plötzlichen Todes durch Herzschlag. Ich konnte nicht einmal daran denken, unser gemeinsames Unternehmen nunmehr allein weiterzuführen, und jene noch immer so notwendige Fortsetzung seines Buches ist nach wie vor ungeschrieben. Ansätze dazu wurden zwar verschiedentlich und von verschiedenen Autoren gemacht; soviel ich weiß, sind sie jedoch alle gescheitert.

Vielleicht ist es hier angebracht, mein eigenes Interesse an den kleinen literarischen Zeitschriften zu erläutern. Ich hatte, wie bereits angedeutet, Prosa und Lyrik für österreichische und deutsche Zeitungen und Zeitschriften verfaßt, und zwar schon während meiner Gymnasialzeit; doch in einer fremden Sprache zu schreiben war etwas ganz und gar anderes. Zur Zeit der Besetzung Wiens durch Hitler pflegte ich mit einem Freund, der ebenfalls ein angehender Autor war, durch den nächtlich dunklen Stadtpark zu gehen, und wir unterhielten uns über unsere Auswanderungspläne und das Ende – denn davon waren wir beide überzeugt – unserer kaum begonnenen literarischen Karrieren. Denn keiner von uns vermochte sich auch nur halbwegs vorzustellen, jemals in einer fremden Sprache schreiben zu können. Ich fürchte übrigens, mein armer Freund hatte nie Gelegenheit, die Probe aufs Exempel zu machen; denn er versuchte, illegal in das Land einzuwandern, das damals noch Palästina hieß, und man hat nie wieder von ihm gehört. Viele Schiffe mit illegalen Einwanderern wurden zu jener Zeit von den Engländern aufgebracht und die Passagiere nach Deutschland und in die Todeslager der Nazis zurückgeschickt. Da keine meiner Bemühungen, nach dem Krieg eine Spur meines Freundes zu finden, je den leisesten Anhaltspunkt erbrachte, so war dies, steht zu befürchten, auch sein schreckliches Los. Es wäre wahrlich ein Wunder, wenn ich jetzt noch herausfände, daß er doch am Leben ist. Wie immer dem sei, meine eigenen düsteren Vorahnungen als Autor erwiesen sich zum Glück als unbegründet. Was mir half, war mein für Sprachmelodien und -rhythmen empfängliches Ohr sowie der unwiderstehliche Reiz, den Redensarten und Umgangssprachliches auf mich ausübten. (Ausdrücke wie „he got my goat" [*to get one's goat* = jemanden aufziehen oder auf die Palme bringen] faszinierten und fesselten mich stets aufs neue, wie ich mich erinnere.) Unter diesen Voraussetzungen vermochte ich mir jedenfalls das Englische rasch genug anzueignen, um bereits 1941 oder 1942, kaum daß meine berufliche Laufbahn an der Buffaloer Stadtbibliothek begonnen hatte, meinen ersten

Aufsatz in der neuen Sprache im *Library Journal* erscheinen zu lassen. Mit der Lyrik dauerte es naturgemäß etwas länger, und hier nun kommen die kleinen literarischen Zeitschriften ins Spiel. Denn als ich, noch unter meinem Wiener Pseudonym Felix Anselm, Anfang der fünfziger Jahre mein erstes Gedicht in einer nicht bloß kleinen, sondern winzigen Zeitschrift, die in New York herauskam, veröffentlichte, war ich von dem Gefühl geschwellt, es geschafft zu haben. Ich war ganz aus dem Häuschen, war ich doch nun ein im Druck erschienener amerikanischer Dichter! Ich bin nicht sicher, ob spätere „Erfolge" – vielleicht nicht einmal das Erscheinen meines ersten Buches – der erregten Hochstimmung gleichkamen, die ich empfand, als ich meinen Wiener Schriftstellernamen unter einem auf englisch abgefaßten Gedicht las. Dies Ereignis stellte eine Verbindung und einen Zusammenhang mit mir selbst wieder her und damit eine Brücke zu meinem früheren Leben, von der ich geglaubt hatte, daß sie unwiderruflich abgebrochen sei. Warum aber, so wird man fragen, bediente ich mich eines Pseudonyms? Zum einen deshalb, weil das Wiener Telephonbuch von Pollaks, die sich alle genau wie ich schrieben, nur so wimmelte und weil ich der Meinung war, ich könne unmöglich mit einem derart gewöhnlichen Namen, vergleichbar dem englischen Smith oder Jones, berühmt werden – und daß ich dazu felsenfest entschlossen war, brauche ich wohl nicht eigens zu beteuern. Zum zweiten, weil Pseudonyme in Wien einfach Mode waren; ob Schriftsteller, Schauspieler, Instrumentalvirtuose oder Künstler ganz allgemein: jeder von ihnen, oder doch ihre überwiegende Mehrzahl, besaß einen herrlichen klangvollen Namen, so wie ja noch heutzutage die Filmstars. Und zum dritten hatte ich mich in eine der Romangestalten des wunderbaren, wenn auch inzwischen vergessenen deutschen Erzählers Jakob Wassermann verliebt, deren Name Anselmus lautete. Felix Anselm hatte für mich einen berauschenden Klang. Es gab allerdings noch einen vierten Grund. Meine Mutter liebte es nämlich, vor ihren Freundinnen und Bekannten auf die oberflächlichste Weise mit mir herumzuprahlen, und jene stellten mir dann dumme, unverständige, plumpe und geschmacklose Fragen, die meine empfindliche Seele, die eines angehenden Poeten, verletzten und mich höchst unangenehm berührten, mich verlegen, befangen und schlicht und einfach wütend machten. Einige meinten, das Schreiben von Gedichten gehöre eben zu einem bestimmten biologischen Entwicklungsstadium, das jeder junge Mensch durchzumachen habe; sogar auf sie selbst, wenn sie so zurückschauten, traf das ja zu; aber aus dergleichen wuchs man heraus, so wie man aus den Windpocken herauswuchs. Und andere wieder benahmen sich, als ob sie nicht begreifen könnten, warum nicht schon längst ein Denkmal von mir vor dem Rathaus stünde. Ich rächte mich, indem ich scharfzüngige und sarkastische Aphorismen in ein kleines schwarzes Notizheft eintrug, Sätze wie: „Ich möchte lieber von denen, die mich verstehen, gehaßt als von denen, die mich mißverstehen, geliebt werden" – eine Auffassung, die ich, in zugespitzterer Formulierung, auch jetzt noch vertrete. Auf alle Fälle gewährte mir die Wahl jenes Schriftstellernamens und der mühsame Verzicht auf die Enthüllung meiner Triumphe – jede Veröffentlichung war ein Triumph – sogar meinen Eltern gegenüber zumindest eine Zeitlang Schutz und die Ungestörtheit, nach der ich verlangte. Gleichzeitig drängte es mich natürlich, die Welt von meinen Leistungen in Kenntnis zu setzen und ihre Reaktion darauf zu beobachten. Es war eine schwierige und gespannte Situation – wie überhaupt, jedenfalls in der Rückschau, der Großteil meiner Jugend. Ich war eben der typische mißverstandene Sohn und junge Mensch, und vielleicht verband sich mit dieser Rolle auch ein Stück Romantik, das mir zusagte. Soviel also zur Frage meines Pseudonyms. Ich gab es dann 1963 auf, als mein erster Gedichtband erschien. Sämtliche Gründe, die einst dafür gesprochen hatten, waren mittlerweile weggefallen; es schien mir daher ehrlicher zu sein, mein Gesicht gleichsam ohne Maske zu zeigen. Und als mir vollends einmal, noch vor 1963, eine edle Seele über den Weg gelaufen war und andeutungsweise den Verdacht geäußert hatte, meine Wahl eines Schriftstellernamens (insbesondere eines so katholisch klingenden) sei wohl deshalb erfolgt, weil ich meine jüdische Herkunft vor meiner Leserschaft zu verbergen suche, da geriet ich in eine derartige Wut, daß ich auf der Stelle beschloß, fortan meinen richtigen Namen zu benutzen. Zum ersten Male geschah dies, wie erwähnt, bei meiner Gedichtsammlung *The Castle and the Flaw* von 1963, die damals bereits zur Veröffentlichung angenommen war. Auch hier, wie stets bei gewichtigen Entscheidungen, kamen halt mehrere Beweggründe zusammen, und einer von ihnen wirkte dann als Auslöser und schlug sozusagen dem Faß den Boden aus.

Nachdem ich seinerzeit, mit dem Erstdruck eines Gedichts von mir in englischer Sprache, Blut geleckt hatte, schrieb ich voller Eifer weiter und schickte meine Verse überall herum, wobei ich ganz unten anfing und mich allmählich durch den Stapel der kleinen literarischen Zeitschriften emporarbeitete. Meine vertraute Freundin Lisel Mueller, die ungefähr zur selben Zeit mit Gedichtveröffentlichungen begann, schlug den umgekehrten Weg ein: sie fing ganz oben an. Und ihr – als der außerordentlich begabten Lyrikerin, die sie ist – gelang es auch, sich oben zu halten; nur gelegentlich gastierte sie bei den echten *little mags*. Doch hier gilt es zugleich, eine grundsätzliche Unterscheidung zu treffen. Denn was im einen Fall als „oben" betrachtet wird, ist nicht notwendig auch im anderen „oben". Zeitschriften wie *Poetry* und *The New Yorker, Harper's, The Atlantic* etc. markieren unstreitig eine bestimmte Höhenlage, und viel gute Literatur geht in sie ein. Es ist aber gerade nicht jene kühne und wagemutige, deren die besten der kleinen literarischen Zeitschriften sich rühmen dürfen; die besten dieser „zarten Kinder der Erde", wie man sie genannt hat, markieren eine andere solche Höhenlage, und zwar eine, die sich bei den Aficionados der Gattung sogar größerer Wertschätzung erfreut. Und das waren die Höhen, zu denen ich emporstrebte und die ich auch, nach jahrelanger Arbeit, zumindest manchmal erklomm. Ich lernte dabei eine Menge über diese unscheinbaren Zeitschriften, wurde vielfach mit ihren Herausgebern und Beiträgern bekannt und stand öfters noch in Briefwechsel mit ihnen; auch wurde ich mit den einschlägigen Hilfsmitteln vertraut, will sagen den bibliographischen Nachschlagewerken wie dem regelmäßig erscheinenden Handbuch *Trace*, das gegenwärtig allerdings durch das *International Directory of Little Magazines and Small Presses* abgelöst wird. Ich war mithin kein Anfänger mehr, als ich meine neue Stelle in Madison antrat, und ich vermochte meine Kenntnisse durch den Ausbau der ursprünglichen Sammlung, die ich dort vorfand, noch beträchtlich zu erweitern. Jedenfalls besaß die University of Wisconsin im Jahre 1974, als ich in den Ruhestand ging, die beste und umfangreichste englischsprachige Sammlung dieser Art auf der ganzen Welt. Das klingt wie Großtuerei, ist aber – nach allem, was ich weiß – buchstäblich wahr. Ein halb humoristischer Bericht über meine Doppelrolle als *little magger* und Bibliothekar findet sich in der soeben erschienenen Anthologie *Editor's Choice*, herausgegeben von Morty Sklar und Jim Mulac bei der THE SPIRIT THAT MOVES US PRESS; (Iowa City 1980).

Daß ich nach mehr als 15 Jahren Bibliotheksdienst in Madison in den Ruhestand ging, war eine Folge nicht nur meines zunehmenden Alters, sondern auch eines sich ständig verschlimmernden schweren Augenleidens, das vier Operationen nach sich zog. Ich war zuletzt unfähig, überhaupt noch zu lesen, und muß mich nun auf Vorleser wie auch auf Schallplatten und Tonbänder stützen, was ein großer Jammer ist und mich, dessen ganzes Leben mit Büchern und mit Lesen verknüpft war, besonders hart trifft. Zum Glück kann ich wenigstens noch schreiben (blind auf der Maschine) und mich ohne Hilfe auch außer Haus bewegen, wofür ich zutiefst dankbar bin. Ich habe weiterhin geschrieben und weiterhin veröffentlicht und hoffe beides so lange tun zu können, bis ich ganz aufhören werde, etwas zu tun.

Ich beeile mich, mit dieser schon viel zu langen Erwiderung auf die freundliche Aufforderung, mich vorzustellen, zu Ende zu kommen. Was mir noch zu sagen bleibt, sind ein paar Worte über meine Veröffentlichungen. Glücklicherweise kann ich mich dabei kurz fassen; denn der von meinem Freund, Dichterkollegen und mehrfachen Verleger John Judson herausgegebene zweite Band seiner Reihe *Voyages to the Inland Sea* (La Crosse, Wis. 1972) enthält ein jedenfalls bis zu jenem Zeitpunkt ziemlich vollständiges Verzeichnis meiner Schriften, das ich damals im Schweiße meines Angesichts für ihn zusammengestellt habe. Man müßte es jetzt natürlich auf den neuesten Stand bringen, doch dürfte das unter den gegebenen Umständen ja schwerlich notwendig sein. Überdies – wozu hat der liebe Gott eigentlich Bibliographen geschaffen, wenn die Autoren die ganze Sauarbeit selber zu machen haben? Die bibliothekswissenschaftlichen Institute, dafür kann ich mich verbürgen, produzieren zu Dutzenden junge Männer und Frauen, die fähig und begierig sind, genau solche Arbeit zu leisten – und was nützt aller Ruhm, wenn er einen nicht davor bewahrt, Zwangsarbeit leisten zu müssen? Oder sollen derartige Ansinnen besagen, daß irgend jemand es wagt, mich nicht für berühmt zu halten? Für den Fall, daß ich selber dieser Meinung sein sollte, so gedenke ich das als mein Privatgeheimnis zu behandeln. Man lasse also, mit anderen Worten, bitte andere Leute sich plagen und die „Forschungsarbeit" für mich tun. Indes, um nicht den Anschein zu erwecken, ich sei gegen jede Zusammenarbeit oder von falscher – ach so falscher – Bescheidenheit erfüllt, will ich errötend bekennen, daß ich im Lauf der Jahre in über 100 verschiedenen kleinen Zeitschriften und akademischen Vierteljahrsschriften veröffentlicht worden bin, daß Texte von mir in einer stattlichen Anzahl von Anthologien erschienen sind und in diverse Sprachen, darunter Japanisch, Russisch, Polnisch und Ungarisch, übersetzt wurden – und welch Vergnügen für den Autor, Schriftzeichen zu betrachten, die er gar nicht entziffern kann und die dennoch seinen Namen und seine Worte wiedergeben – und daß ich selber Prosa und Verse aus dem Deutschen ins Englische übertragen sowie mich selbst ins Deutsche, meine Muttersprache, rückübersetzt habe (was ebenfalls, denkt man darüber nach, weidlich bizarr ist) und daß ich ferner der Verfasser von bisher vier Büchern bin.

SELA PSALMENDE
(Trompetenstöße und Hallelujagesänge im Hintergrund)

*Aus dem Amerikanischen von Reinhold Grimm*

# *Anmerkungen und verstreute Aphorismen*

## *Lesarten und Erstveröffentlichungen I*

**Abkürzungen**

T1 „Felix Anselm, Aus der Luft gegriffen: Aphorismen und Marginalien" (Typoskript des auf den 16. Mai 1953 datierten Widmungsexemplars für Pollaks Frau Sara)
T2 „Felix Pollak, Lebenszeichen: Aphorismen und Marginalien" (fragmentarische, fast ausschließlich handschriftliche Überarbeitung von T1 mit dem englischen Vermerk „Authentic Copy")
NJ „Felix Anselm, Gedankensplitter", in *Der Neuen Jugend* (März 1930)
NFP1 „Felix Anselm, Mosaiksteinchen", in *Neue Freie Presse* (6. Juli 1930)
NFP2 „Felix Anselm, Mosaiksteinchen", in *Neue Freie Presse* (6. August 1931)
NFP3 „Felix Anselm, Mosaiksteinchen", in *Neue Freie Presse* (24. September 1931)
NFP4 „Felix Anselm, Mosaiksteinchen", in *Neue Freie Presse* (11. Februar 1932)
GL1 „Felix Anselm, Bemerkungen", in *Die Glocke* (1. November 1936); die Sammelüberschrift „Bemerkungen" gilt auch für Aphorismen von Friedrich Bergammer und Hermann Hakel
GL2 „Felix Anselm, Unterscheidung", in *Die Glocke* (1. Februar 1937)
NLW1 „Felix Anselm, Definitionen, Unterscheidungen", in *Neue Literarische Welt* (25. März 1953)
NLW2 „Felix Anselm, Definitionen, Unterscheidungen", in *Neue Literarische Welt* (10. April 1953)
FUR „Felix Anselm, Aphorismen", in *Die Furche* (22. September 1956)
MH „Felix Pollak, Aphorismen zum 50. Todestag von Karl Kraus", in *Monatshefte* (Wisconsin) 78 (1986), Nr. 4, S. 437
AKZ „Felix Pollak, Von Aphorismen, Worten und Sprichworten", in *Akzente* 38 (1991), Nr. 1, Innenseite des hinteren Umschlags („Marginalien")

Nachweise und Datierungen beruhen (mit einer Ausnahme) auf Pollaks eigenhändigen Vermerken in T2, die auch für alle übrigen Veröffentlichungen bis einschließlich 1956 gelten.

Titelseite: Pollak] T1 Anselm LEBENSZEICHEN] T1 AUS DER LUFT GEGRIFFEN
Widmung: Für meinen Bruder] T2 *ursprünglich* Für Hans
Inhaltsverzeichnis: WORTEN UND SPRICHWORTEN] T2 WÖRTERN UND SPRICHWÖRTERN AUS DER LUFT GEGRIFFEN] T2 AUS DEM RAHMEN GEFALLEN
Kap. I: WORTEN UND SPRICHWORTEN] T2 WÖRTERN UND WORTEN [*ursprünglich* SPRICHWÖRTERN]
I, 2: FUR
I, 3: AKZ
I, 5: FUR, AKZ
I, 6: FUR
I, 8: AKZ
I, 9: FUR, AKZ
I, 10: Binsenwahrheit, also mit einer von Binsen überwachsenen uralten Lüge] T2 Binsenwahrheit. T2 *in Klammern der englische Zusatz* (truism).
I, 13: FUR
I, 14: doch] T2 *gestrichen*
I, 15: Wenn aber dieser schreckliche Fall wirklich einmal eintritt] T2 Und wenn nun dieser schreckliche Fall wirklich eintritt
I, 16: FUR
I, 20: FUR
I, 21: FUR, AKZ
I, 23: AKZ
T2 *davor (ursprünglich vor I, 21) eingefügt* Nachsicht: Nachher-Sicht.
I, 24: Denjenigen aber, den man verstehen kann, macht man ebendadurch zu einem Teil seiner selbst und beginnt ihn ebendarum zu lieben: „man schließt ihn ins Herz", man „hat ihn im Sinn" – man meint es gut mit ihm.] T2 Denjenigen aber, den wir verstehen können, machen wir ebendadurch zu einem Teil unser selbst und beginnen ihn ebendarum zu lieben: wir „schließen ihn ins Herz" – wir meinen es gut mit ihm.
I, 26: AKZ
I, 28: FUR
I, 29: AKZ
I, 30: *In* FUR *ohne Überschrift*
I, 31: häufigsten] T2 häufigeren
I, 32: AKZ
I, 33: AKZ
I, 34: von jenem] T1, T2 jenes'
I, 36: Strafrechtes] FUR Strafrechts Danach] FUR Darnach Strafbedürfnisanstalten!] FUR Strafbedürfnisanstalten. AKZ wie T1, T2
I, 39: AKZ

I, 40: AKZ
I, 44: FUR
I, 45: AKZ
I, 46: T2 *gestrichen*
T2 *davor eingefügt* „Im Kleinen und Ganzen" erscheint mir angebrachter als „im Großen und Ganzen".
I, 49: zur Heimzahlung] T2 zum Heimzahlen
I, 51: FUR
I, 53: FUR, AKZ
I, 54: T2 *gestrichen*
I, 56: Arbeit macht das Leben süß – ] FUR „Arbeit macht das Leben süß" – süß, und] FUR süß – und
I, 57: vergehe,] AKZ vergehe
I, 59: (ich tu sterben)] T2 *gestrichen* kaum daß es uns widerfahren ist,] T2 in dem nämlichen Augenblick, da es uns widerfahren ist, sterben –] T2 sterben; in demselben Augenblick, in dem wir zu leben beginnen;] T2 *gestrichen*
I, 60: der Scheidewand] T2 der ewigen Scheidewand
I, 63: setzt sich der Mensch] FUR setzt der Mensch sich AKZ wie T1, T2
II, 1: Wahrheiten:] NLW1 Wahrheiten, hinaufgelangt,] NLW1 hinaufgelangt auf die] NLW1 zu denen *dann handschriftlich verbessert* auf die
II, 2: böse, die] NLW1 böse. Die
II, 3: Spiegel] T2 Inbegriff des Funktionellen] T2 der Funktion
T2 *davor eingefügt* Moral und Ethik stehen in einem ähnlichen Verhältnis zueinander wie Aufrichtigkeit und Wahrheit. Oder wie Zivilisation und Kultur.
II, 4: heißt:] NLW1 heißt, T2 *ganzer Aphorismus gestrichen, dann wiederhergestellt*
II, 5: zu Manieren] T2 zur Manier
II, 6: tragen ihr.] FUR tragen ihr...
II, 8: heißt:] NLW1 heißt, können:] NLW1 können, FUR wie T1, T2
II, 9: FUR
II, 13: heißt] NLW1 heißt, FUR wie T1, T2
II, 14: *In* GL2 *(von Pollak nicht datiert und nachgewiesen) unterm selben Titel statt der beiden zweizeiligen Langstrophen zwei vierzeilige Kurzstrophen mit Abweichungen:*

Stummsein ist ein Gebrechen.
(Stumm ist, dem's am Wort gebricht.)
Schweigen heißt: ohne Wort sprechen.
Schweigen ist ein Verzicht.

Schweigen heißt: ent-sprechen.
Stumm ist, was noch nicht spricht.

Stumm sind schneeige Flächen.
Schweigsam ist ein Gesicht.

II, 15: NLW1

II, 17: FUR

II, 18: FUR; Zyniker:] T2 Skeptiker: *dann, ohne Streichung der Korrektur*, Zyniker: *wiederhergestellt*

T2 *danach eingefügt* Der Zyniker: einer, [*ursprünglich* ein Mensch,] der nur die Unwahrheit wahrnehmen kann.

II, 19: vor Revolution] T2 vor einer Revolution T2 *dann ganzer Aphorismus gestrichen, aber zuletzt wiederhergestellt*

II, 23: FUR

II, 24: Der Mediziner kennt] NFP3 Für den Mediziner gibt es Fälle. Der Arzt] NFP3 Fälle; für den Arzt FUR wie T1, T2

II, 25: der] FUR, T2 das

II, 26: NLW2

II, 27: NLW2, FUR

II, 29: NLW2

II, 30:

T2 *danach eingefügt* Zivilisiert ist, wer gelernt hat, aus seiner Tugend eine Not zu machen. *dies sodann wieder gestrichen und ersetzt durch* Zivilisation: der Prozeß, der aus unseren Tugenden Nöte macht.

II, 34: verbindliche Unverbindlichkeit.] T2 unverbindliche Verbindlichkeit.

II, 36: NLW2

II, 37: NLW2

II, 38: eine Tristheit] T2 eine triviale Tristheit

II, 43: ebensooft eine Kommunikationsstörung wie ein Kommunikationsmittel.] T2 ein kommunikationsstörendes Kommunikationsmittel.

II, 45: NLW2

II, 46: NLW2

III, 3: anderen] T2 andern *dann ganzer Aphorismus gestrichen*

III, 6: die stets aufgeschobenen Wesentlichkeiten.] T2 das Wesentliche.

III, 11: „Feiglinge"] T2 Feiglinge

III, 14: als ein sich Kompromittierthaben ausgelegt und heimlich] T2 *gestrichen* ist Selbstverleugnung.] T2 ist die Selbstverleugnung.

III, 15: einsetzte,] T2 einsetzt, *dann ganzer Aphorismus gestrichen*

III, 24: zu Zwangsarbeit zur Folge.] T2 zur Zwangsarbeit an sich selbst zur Folge.

III, 27: Beharrlichkeit.] GL1 Konsequenz. T2 *in Klammern Zusatz* (Nach V.?)

III, 28: Wenn ich schon konventionell sein müßte, so wäre ich lieber konventionell in meinen Tugenden als in meinen Lastern!] T2 Konventionalität in Tugenden ist verzeihlich. In Lastern niemals.

III, 31: Noch mehr als die Leute, die meine Witze als meinen Ernst ansehen, können mich nur jene ärgern, die meinen Ernst für einen Witz halten!] T2 Am meisten ärgern mich die Leute, die meinen Ernst für einen Witz halten. *dann gestrichen*

T2 *davor eingefügt* Das Schöne am Nichtfranzösischkönnen ist es, daß man durch die Straßen von Paris schlendern und sich von den musikalischen Wellen dieser Sprache umspülen lassen kann, ohne sich über die Banalitäten und Stupiditäten, die doch zweifellos auch hier ausgetauscht werden, ärgern zu müssen. Man tanzt zum Rhythmus bezaubernder Tonfälle auf dem Netz, in das alle andern ringsum verständnisvoll eingesponnen sind!

III, 36: hindern] T2 verhindern

III, 40: Oder macht jeder den Weg, der ihn macht?] T2 *gestrichen; zuletzt ganzer Aphorismus gestrichen*

III, 43: mir sie] T2 sie mir

III, 47:

T2 *davor eingefügt* Ich möchte wie ein Bleistift in der Hand eines Zeichners sein: meine Materie im Dienst des Immateriellen verbrauchend und bewahrend.

III, 51: Unrecht:] NFP2 Unrecht; Rechts.] NFP2 Rechtes.

IV, 1: betreten?!] T2 betreten?

IV, 6: T2 *letzter Satz gestrichen*

IV, 8: ergeben zwei Minus ein Plus und drei Minus ein größeres Plus.] T2 und zwei Minus ergeben ein Plus.

IV, 11: sagte] T2 dachte

IV, 19: in den, in dem sie sich schauen kann.] T2 der sie aus den Augen schaut.

IV, 22:

T2 *davor eingefügt* Die reiche Frau beneidete die arme darum, daß diese den Willen ihres Gatten für dessen [*ursprünglich* seine] Tat nehmen konnte. Sie selbst mußte die Taten des ihren für seinen Willen nehmen.

IV, 23: kann!] T2 kann.

IV, 27: NFP4

IV, 30:

T2 *davor eingefügt* Ihre Augen trafen einander und schlossen einen Konsensualkontrakt.

IV, 34: skrupellos] T2 ausschweifend

IV, 37:

T2 *danach eingefügt und sodann wieder gestrichen* Sie erschien immer auf der Grenze, denn sie machte eine, wo immer sie erschien.

IV, 42: sie keiner] T2 keiner sie

IV, 50: ihn, der] T2 sein Ich, das

V, 2: mageren] T2 magern *dann wiederhergestellt* bis zu dem Heulen der Sirenen, die (vorläufig) nichts weiter verkünden als] T2 bis das Heulen der Sirenen das Heulen ihrer Opfer übertönt, verkündend   Familienväter, sentimentale] T2 Familienväter, mitunter sentimentale   freuende, des Mitleids fähige] T2 freuende, an Sportereignissen interessierte, des Mitleids fähige   Menschen, durch Utilität dividierte Individuen, Schizophrene – dreiviertel Larve, einviertel fühlende Brust, Nixen im Stadium des Übergangs zu Fischen, Werkzeuge] T2 Menschen. Sie sind durch Utilität dividierte Individuen, Schizophrene aus drei Vierteln Larve und einem Viertel fühlende Brust, sie sind in Maschinwerdung begriffene Menschen, Werkzeuge   Ossifikation] T2 Ossifizierung   Atomisierung] T2 Atomisation

T2 *danach eingefügt und sodann wieder gestrichen* Die Tragödie unserer Zeit ist es, daß wir das know how [*ursprünglich* „know how“] haben ohne das know [*ursprünglich* „know“] – daß wir nicht wissen, sondern bloß wissen, wie. Darum wird der Mensch sein Wie-Wissen dazu benutzen, um sich selbst endgültig zu zerstören.

V, 4: je weiter die Zukunft die Gegenwart von der Vergangenheit entfernt, desto enger rücken die Vergangenheiten zueinander, und je neuer die Zeit wird, desto näher kommen sich Neuzeit und Altertum.] T2 in dem Maße, in dem die Zeit neu wird, wachsen Neuzeit und Altertum ineinander. *dann ganzer Aphorismus gestrichen*

V, 5: verflächigt, ihre Verblendung mit Blendwerk übertrumpft] T2 verflächigt   Reflexbewegung,] T2 Reflexbewegung also,   ausgelöscht] T2 ausgelöst   Gesichter hat –] T2 Gesichter hat und   Finsternis unsichtbar. (Nicht jedoch auch uns der Finsternis, wie wir hoffnungsvoll wähnen mögen!)] T2 Finsternis (nicht jedoch auch uns der Finsternis) unsichtbar. T2 *dieser zweite Abschnitt schließlich ganz gestrichen*

T2 *vorm ersten Abschnitt eingefügt* Television versetzt die Zuseher nicht in die Ferne, sondern bringt ihnen die Ferne nahe. Indem sie also die Ferne zur Nähe reduziert, sie sozusagen vernähert, nimmt sie ihr die wesentliche Dimension, ihre raison d'être. Und indem sie, wie alle Massenmedien, ihr Publikum auf den kleinsten gemeinsamen Nenner bringt, macht sie – unter der Illusion des Fernsehens und Ferne-Sehens – auch die von Natur aus Weitsichtigen nahsichtig – nicht umgekehrt.

T2 *danach ebenfalls eingefügt, aber dann wieder gestrichen* Ein gutes Sinnbild [*ursprünglich* gutes Beispiel] für den Fortschritt ist die Ersetzung von Vision durch Television, die Errichtung, unter dem Vorwand des Fernsehens, einer leinwandenen Vorwand vor der Fernsicht.

V, 7: eine schweigende] T2 eine bloß schweigende

V, 13: (also Ganzschlechtigkeit)] T2 *gestrichen*

V, 21:

T2 *davor eingefügt und sodann wieder gestrichen* Friede im Innern wird durch Kriege nach außen gefördert [*ursprünglich* gefördert, gefestigt] und mit ihnen oft erlangt: ein Satz, der nicht nur politisch gilt, sondern auch psychologisch; nicht bloß für Staatswesen, sondern häufig auch für Individuen und ihre Beziehungen zur Umwelt.

V, 36:

T2 *davor eingefügt* Hinter jedem Schachspiel steht die ideale Schachpartie, die Meisterpartie, die von den falschen Zügen der Durchschnittsspieler verfälscht und verdorben wird. Es ist dasselbe mit jeder Konversation, jeder Ehe, jedem Leben.

V, 37: vor ihren Augen] T2 vor den Augen   ohne Anschauung von der Person,] T2 ohne Anschauung der Person, [*eingefügt und wieder gestrichen* ohne Anschauung von ihr,]   mit Anschauung der Person.] T2 mit Anschauung – also in Anbetracht – der Person.   Versöhnung des Menschen mit Gott.] T2 Versöhnung.

V, 41: die Unkenntnis] NFP1 Unkenntnis   gerecht in den Fällen, in denen] NFP1 in manchen Fällen gerecht: wenn nämlich   Ich denke dabei besonders an die Kindererziehung.] NFP1 (Ich denke vornehmlich an Kindererziehung.)   besonders] T2 vornehmlich   T2 *schließlich ganzer Aphorismus gestrichen*

V, 45: Der erste Schrei des Neugeborenen schon stellt die Mutter vor die Frage:] T2 Schreien des Neugeborenen stellt die Mutter bereits vor die Frage:

V, 48: trostloseste] NFP1 furchtbarste   Heimat.] NFP1 Heimat...

V, 49: T2 *letzter Satz gestrichen*

V, 50: (d.h. der jeweiligen Ideale sexueller Attraktivität)] T2 *gestrichen*

V, 55: T2 *mit englischem Zusatz* True but sounds too glib. T2 *schließlich ganzer Aphorismus gestrichen*

V, 56: Handlung – zur ehelichen Pflicht – und] T2 Handlung: zur ehelichen Pflicht. Und   willen nolens volens mit] T2 willen, nolens volens, mit

T2 *danach eingefügt* Gemeinheit geht vor Eigenheit.

V, 57: T2 *die ersten beiden Sätze gestrichen*   Die Kirche fühlt jedoch noch den weiteren Drang,] T2 Die Kirche fühlt den Drang,

V, 60: c'est tout,] T1, T2 ce tout

V, 62: die Hilfe, die der Sportsgeist dem Geist leistet, um dessen Primat zu etablieren und den Leib ihm] T2 Äußerungen des Verlangens, den Leib dem Geist

V, 66: würde – und damit für ihre Schuld!] T2 würde.

V, 69: und Hölle hin und her pendeln.] T2 *gestrichen*   Hosiannas] T1, T2 Hosiannahs T2 *der ganze Aphorismus schließlich, offenbar in Anbetracht der entsprechenden Einfügung, gestrichen*

T2 *davor eingefügt* Von dem Tag an, da er vom Baume der Selbsterkenntnis gegessen hatte, leugnete, verfälschte und unterdrückte der homo sapiens die gewonnene Erkenntnis seiner selbst, und seit jenem Tag versucht er, sich vor sich selbst in die Moral zu flüchten.

V, 70:

T2 *davor eingefügt und sodann wieder gestrichen* Rituelle Speisevorschriften sind zeremonielle Ablenkungsmanöver von der biologischen Notwendigkeit der Nahrungsaufnahme – Versuche, ein animalisches Müssen hinter einem kultischen Sollen zu verbergen. Und konsequenterweise gelten den Befolgern von Speiseritualen auch alle Nichtbefolger als Tiere.

V, 71:

T2 *davor eingefügt* Allen Heilslehren, den religiösen sowohl wie den politisch-sozialen, ist es gemeinsam, daß ihnen die Gegenwart [*ursprünglich* Realität] und die Realität [*ursprünglich* Gegenwart] nur zu einem gut sind: zur Werbung von Rekruten für die Zukunft [*ursprünglich* Utopie] und die Utopie [*ursprünglich* Zukunft]. Die spirituellen Propheten vertrösten ihre Gläubigen auf das [*ursprünglich* Die spirituellen Anreißer bedienen sich zu diesem Behuf des] Jenseits, die materialistischen auf das [*ursprünglich* materialistischen des] Nachher!

VI, 4: „Anders werden"] GL1 Anders werden    Werdens; denn] GL1 Werdens. Denn

VI, 12: Unsere Entwicklung] T2 Die Entwicklung der meisten Menschen

VI, 13: einem jungen Menschen immerzu] NFP2 einem immer so wohlwollend    er werde, falls er] NFP2 man werde, falls man

VI, 14: NJ, NFP2

VI, 20:

T2 *davor eingefügt* Die Pubertät beginnt mit dem Gefühl, daß diese Welt nicht zu einem passe, und endet mit der Erkenntnis, daß man ganz gut in diese Welt paßt.

VI, 24: passen...] T2 passen. T2 *schließlich, offenbar in Anbetracht der entsprechenden Einfügung, ganzer Aphorismus gestrichen*

VI, 25: NFP1

VI, 29: der Ahnung] T2 dem Wissen T2 *schließlich ganzer Aphorismus gestrichen*

VI, 30: jeglicher Substanz,] T1, T2 jeglicher organischen Substanz,

VI, 32: oder -abgleiten] T2 oder Abgleiten *dann vollends gestrichen*

T2 *danach eingefügt* Das Fertigprodukt ist immer eine Leiche. (Im Leben – und daher auch in der Kunst.)

VI, 39: Geburt – oder anders.] T2 Geburt, oder anders.    wird, ob wir berührt sein [T1, T2 werden] werden von der Unterscheidung der Lebenden zwischen Nichtgelebthaben und Gestorbensein...?] T2 wird?

T2 *danach eingefügt* Solange sich nach unserm Tod noch jemand an uns erinnert, sind wir bloß gestorben. Tot (also wie nie geboren) sind wir erst nachher.

Kap. VII: VII. LEBEN UND EXISTIEREN] T2 *gestrichen und englischer Zusatz* Omit this section, incorporate the ones left into section VI.

VII, 1:

T2 *davor eingefügt* Das Leben ist eine lebensgefährliche Angelegenheit. *doch vgl.* VII, 15

VII, 3: in der Regel] T2 hauptsächlich T2 *schließlich ganzer Aphorismus gestrichen*

VII, 5: Trieberschlaffung, zu Überdruß, Müdigkeit und] T2 Trieberschlaffung, Überdruß und T2 *schließlich ganzer Aphorismus gestrichen*

VII, 6: wie] T2 *gestrichen, dann ganzer Aphorismus gestrichen*

VII, 12: göttlichen,] T2 *gestrichen, dann ganzer Aphorismus gestrichen*

VII, 15:

T2 *danach eingefügt* Unsere Lebensaugenblicke sind Funken in der schwarzen Rauchwolke unserer Existenz. *doch vgl.* VII, 6

VIII, 16:

T2 *danach eingefügt* Du kannst deinen eigenen Puls zwischen Daumen und Zeigefinger halten, aber dein Fingerspitzengefühl sagt dir nicht, ob dein Zeigefinger deinem Daumen den Puls nimmt, oder dein Daumen deinem Zeigefinger, [*wieder gestrichen* oder ob sich zwei gleichzeitige Gefühlssensationen in deinem Bewußtsein vereinen,] oder ob jeder Finger sich selbst spürt, indem er gegen den andern preßt, oder ob alle diese gleichzeitigen Sensationen in deinem Bewußtsein zu einer einzigen verschmelzen. Dieses Problem der Beziehung zu dir selbst symbolisiert die Beziehungen, die du zu deinen Mitmenschen hast: du spürst immer gleichzeitig dich in ihnen und sie in dir, du wirst stets, indem du empfindest, empfunden und empfindest dein Empfundenwerden, und kannst mit einiger Gewißheit nur annehmen, daß die Tatsache ihres Wahrgenommenwerdens dein Sein bestätigt: sentis, ergo es. Du sitzt, bildlich gesprochen, immer in einem Eisenbahnabteil und blickst durch das Fenster auf den gegenüberstehenden Zug, aus dessen Fenstern Leute auf dich blicken; beginnt einer der Züge sich in Bewegung zu setzen, so kannst du einen Augenblick lang nie entscheiden, welcher von beiden es ist, ob du nun Zeuge deiner Bewegung bist oder ihrer, ob du die Leute an dir vorbeiziehen siehst, oder dich an ihnen – das heißt, sie dich an sich...

VIII, 29: identischen] T1, T2 identen

VIII, 52: können; die] T2 können. Die eliminiert; alles] T2 eliminiert, alles

VIII, 56: möglich macht,] T2 ermöglicht,

T2 *davor eingefügt* Ich weiß nur, was nicht in der Zeitung steht. *doch vgl.* X, 79

T2 *daran anschließend ferner eingefügt* Die Meinung, daß jedes Ding zwei Seiten habe, ist das Dogma (und Stigma) der Engstirnigkeit. Je geistig weiter einer ist, desto mehr Seiten und Facetten nimmt er an den Dingen wahr – die raison d'être für Philosophen und Schriftsteller, Advokaten und Maler, Psychologen und sogar „reine" Wissenschaftler!

VIII, 61: Wirklich] NFP1 „Wirklich" die Idee.] NFP1 Ideen. *danach Absatz und* Das ist die qualvollste, ohnmächtige Tragik des Künstlers: er weist auf ein Übel, und die, die es bilden, applaudieren der Geste! – Ich denke oft, daß Nichtwissen die Vorbedingung eines guten Gewissens ist! GL1 wie T1, T2

VIII, 63: Das Ideal, mit andern Worten, ist] T1 das Ideal, in andern Worten, ist T2 Das Ideal:

VIII, 65: gekreuzigt werden:] T1, T2 gekreuzigt werden werden

VIII, 69: wird durch irrationale Zündkerzen ausgelöst.] T2 mittels irrationaler Zündkerzen in Bewegung gesetzt. lesen, um in ihren eigenen Ansichten bestärkt zu werden;] T2 hauptsächlich zur Bestärkung ihrer vorgefaßten Meinungen – ihrer Vor-Urteile – lesen; nicht daher,] T2 nicht in erster Linie daher,

VIII, 71:

T2 *davor eingefügt* Willensfreiheit: die Möglichkeit des Entschlusses, [*ursprünglich* die Möglichkeit,] in einem fahrenden Eisenbahnzug gegen die Fahrtrichtung zu gehen.

VIII, 72: erhellt] T1, T2 illuminiert

VIII, 73: erhellt] T1, T2 illuminiert

VIII, 82:

T2 *davor eingefügt* Manchmal entdeckt man alte Dinge auf neuen Wegen, d.h. man kommt nach originellem Denken, nach Explorationen in vielerlei Gebiete, zu ganz einfachen und altbekannten Resultaten. Aber nun erst versteht man, was man bisher bloß behauptet hatte.

IX, 11: ihre Ursache.] T1, T2 seine Ursache.

IX, 13: NFP2

IX, 30: Gepflogenheit,] NFP4 Übereinkunft.

IX, 36: der Mahlzeit] T2 des Essens somit] T2 so Händen] T2 Armen T2 *schließlich der ganze Aphorismus gestrichen*

IX, 41: dastehen!] T2 dastehen! (Wohingegen man die nur-romantisch schöne Seele wieder daran erkennt, daß sie die Feststellung „der Erblasser errötete" für ein Paradox hält und die Wendung „der erblassende Erblasser" für eine Tautologie!)

IX, 42:

T2 *danach eingefügt* Er ist ein guter Rechtsanwalt. Das einzige, was er nicht bestreiten kann, ist sein Lebensunterhalt.

IX, 43 und 44: T2 *Reihenfolge vertauscht*

IX, 49: nicht weil] T2 nicht, weil

IX, 72:

T2 *danach eingefügt* Nichts ärgert einen „Vorgesetzten“ mehr, als wenn ein ihm Untergebener sich in irgendeiner Situation intelligenter oder nobler benimmt, als er selbst in der gleichen Situation sich benommen hätte. Nichts, mit andern Worten, [*ursprünglich* Nichts aber] aktiviert superordinierte Inferioritätskomplexe mehr als subordinierte Superiorität, und wenn ein Vorgesetzter sich nachgesetzt fühlt, so bleibt ihm nichts übrig, als dem vermeintlichen Herabsetzer aufsässig zu werden. Moral: der Weise stellt vor dem Chef sein Licht unter den Scheffel.

IX, 73: angepaßt, und] T2 angepaßt und er, sich zu Diensten, erfand:] T2 er (sich zu Diensten) erfand: Abbild der Maschine] T2 Abbild der von ihm geschaffenen Maschine

X, 1: FUR; direkt] T2 geradezu

X, 3: FUR

X, 5: FUR

X, 8:

T2 *davor eingefügt* Schauspieler als Zuschauer sind Abschauer. (Kritiker dagegen sind ab und zu Schauer, die sich für Durchschauer halten.)

X, 11: überflüssig, sinnlos, absurd.] FUR überflüssig und zwecklos. aufgehn,] FUR aufgehen, anderem] FUR anderm deren] FUR dessen *doch von Pollak handschriftlich korrigiert* deren

X, 28: FUR

X, 29: vergleichbare] T1, T2 vergleichliche

X, 30: FUR

X, 31: FUR

X, 33: *In* FUR *erster Satz nicht kursiv*

X, 34:

T2 *davor eingefügt*

*Dem Kritiker ins Stammbuch geschrieben*: Die römische Rechtsregel „nemo plus iuris transferre potest, quam ipse habet“ gilt auch in der Übersetzung: Niemand kann einer Person oder Sache mehr Gerechtigkeit zuteil werden lassen, als er in sich hat.

X, 36: mit andern Worten] T1, T2 in andern Worten

X, 39: Band, den] FUR Buch, das

X, 40: FUR

X, 44: FUR

X, 45: als des letzten] GL1 als letzten GL1 *zweiter Satz fehlt*

X, 46: FUR

X, 49: den] FUR d e n

X, 50: FUR

X, 54: von Lysistrata] T1, T2 Lysistrata, zum Trotz, an T2 zum Trotz (oder mit ihrer Hilfe), an

X, 56: erscheint, sind bloß] NFP1 erscheint, das sind nur vielfärbig]

NFP1 vielfarbig Lichts.] NFP1 Lichtes. Spruch und Widerspruch sind Komplementärfarben,] NFP1 An der Quelle gilt das für den Charakter des einzelnen; am großen Ursprung für alle Menschen. Getrübt wird das Licht nur durch die indifferente Schicht derer, die weder Spruch noch Widerspruch besitzen, Komplementärfarben, stets] NFP1 immer

X, 59: FUR

X, 60: ist dadurch] T2 ist oft dadurch

X, 61: wenigere und wenigere] T1, T2 Weniger und Weniger betrügerischen] T1, T2 fraudulenten erkünstelten] T1, T2 studierten

T2 *davor eingefügt* Manche glauben, alles, was eine Kunst ist, sei darum schon Kunst. Kunst aber kommt nicht von „können", sondern von „sein". *doch vgl.* X, 62

X, 62:

T2 *davor eingefügt* Nicht alles, was den Leuten über den Kopf geschrieben ist, ist etwas wert. Aber nichts kann etwas wert sein, das ihnen nicht über den Kopf geschrieben ist!

X, 64: FUR

X, 65: später Maturität erlangt.] T2 länger unreif bleibt.

X, 69: ist ein Mann, der] FUR ist, wer

X, 70: Das Genie: eine Begabung, die sich weder durch Lob, Tadel oder Indifferenz daran hindern läßt, sich bis an ihre äußersten Grenzen zu entwickeln. (Woraus sich die Seltenheit des Genies erklärt.)] NFP2 Wenn die Vorsehung einem Begabten die Kraft verliehen hat, trotz der ihn umgebenden Skepsis oder Lobhudelei ein Talent zu bewahren und bis an seine natürlichen Grenzen zu steigern, dann nennt man ihn Genie. Aus der Seltenheit dieser Gabe erklärt sich die Seltenheit des Genies. T2 *vor Pollaks Nachweis der Vermerk* In anderer Form:

X, 73: lassen. Für] NFP4 lassen; für Mittel zur Abtreibung des Werdenden.] NFP1 Mittel, um das Werdende abzutreiben.

X, 74: FUR

X, 75: FUR

X, 76: FUR

X, 77: FUR

X, 82:

T2 *davor eingefügt* Der Zweck der Arbeit an einem Satz ist es, die Spuren der Arbeit an ihm zu verwischen.

T2 *daran anschließend eingefügt* Ich denke nicht in der Sprache, sie denkt in mir. Hauptsächlich darum bedauere ich die Beschränktheit meiner Sprachenkenntnis, denn ihr ist es zuzuschreiben, daß mir Gedanken und Erkenntnisse, die in einer mir fremden Sprache – und in ihr allein – enthalten sind, [*ursprünglich* liegen,] verschlossen bleiben werden. Ein russisches Wort vermöchte mir, dessen bin ich gewiß, exklusive Eröffnungen zu machen, und eine französische Wendung könnte mich [*ursprünglich* mich zweifellos] zu Einwendungen provozieren, [*ursprünglich* provozieren, und inspirieren,] die keine andere Sprache der Welt mir zuzuwenden imstande wäre!...

T2 *daran anschließend ferner eingefügt* Sprachenkenntnis steht leider allzuoft in verkehrter Proportion zu Sprachkenntnis.

X, 84: FUR

X, 92: NFP2; T2 *vor Pollaks Nachweis der Vermerk* In anderer Form:

X, 95:

T2 *davor eingefügt* Der Künstler zeichnet sich vor andern unter anderm dadurch aus, daß er bedachtsam spontan sein kann. Kann er es nicht, so ist er kein Künstler. Er muß imstande sein, seine Impulsivitäten bis zum Bedarfsfall in den Kühlschrank seines Bewußtseins zu legen, sein Ungestüm muß sich ohne Potenzverminderung auf lange Sicht hinaus gestüm erhalten lassen, und seine aufgespeicherten Ausbrüche von Leidenschaft dürfen erst im schöpferischen Augenblick zur Auslösung gelangen – dann aber mit der präzise unbändigen Detonation einer ferngesteuerten Zeitbombe!

X, 98:

T2 *davor eingefügt* Lichtbilder entstehen in Dunkelkammern.

X, 101: *Karl Kraus*:] MH *gestrichen*     sogar] MH selbst

X, 102: „Fackel“: Das] T2 „Fackel“: das     „Fackel“] MH *kursiv und ohne Anführungszeichen*

X, 103: MH

X, 104: *Karl Kraus*:] MH *gestrichen*     dafür] MH darum

X, 106: Sternen: manchmal] NFP1 Sternen. Manchmal     sind.] NFP1 sind. Das nennt man dann Nachruhm, obwohl ihr Wesen, ihre Kraft uns eben erst erscheinen. FUR *wie* T1, T2

Kap. XI: AUS DER LUFT GEGRIFFEN] T2 AUS DEM RAHMEN GEFALLEN

XI, 3: Zucken] T1, T2 Zücken

XI, 4: laut einem treuherzigen Zeitungsbericht,] T2 einem treuherzigen Zeitungsbericht gemäß,

XI, 5:

T2 *danach eingefügt*

*Abendmahl*

Da er während des Essens unaufhörlich redete, kam er nicht dazu, seine Speisen zu kauen, geschweige denn zu schmecken und zu genießen, und bot so [*ursprünglich* somit] den absurden Anblick eines Mannes dar, der sich selber ständig Sprechhindernisse in den Mund schob, um sie – unwillige und unverständliche Laute ausstoßend und mit den Armen hilflos gestikulierend – in aller Hast durch heftiges Würgen und Schlucken wieder zu beseitigen. Als er die

Störungen endlich von seinem Teller entfernt hatte, sagte er: „Mahlzeit!“ *doch vgl.* IX, 36

XI, 6:

T2 *davor eingefügt*

*Experiment*

Der Spießer, nur mit seinen eigenen Sorgen beschäftigt, ist zu phantasiearm, um von fremdem Leid berührt zu werden. Man muß ihm die Nase daraufstoßen. Ich versuchte es. „Au“, rief er, „meine arme Nase!“ *doch vgl.* IX, 68

XI, 8:

T2 *davor eingefügt und sodann wieder gestrichen*

*Kultur-Geschichte*

Wer auf fremder Tafel gemalt hat (so entschied um 550 A.D. Kaiser Justinian), soll an ihr Eigentum erworben haben. – Gibt es ein entzückenderes Beispiel für die Hochhaltung [*?*] des Geistes über die Materie?

Kap. XII: *In* T2 *lautet die endgültige Liste der* BUCHTITEL OHNE BÜCHER *nach mehrfacher Überarbeitung*

IN FLAGRANTI
EIGENTLICH
HINTERGEDANKEN
IM KLEINEN UND GANZEN [*Zusatz* (PARTES PRO TOTO) *wieder gestrichen*]
CUM GRANO SALIS
ALLERDINGS
NEBENBEI BEMERKT
IM GRUNDE GENOMMEN
BEI LICHT BESEHEN
IM AUGE BEHALTEN
PONDERABILIEN UND IMPONDERABILIEN
MOSAIKSTEINCHEN
VON ZEIT ZU ZEIT
SÄTZE UND GEGENSÄTZE
AUF DEN ZWEITEN BLICK
OHNE WEITERES

*Weitere (weder in T1 noch in T2 enthaltene, obwohl größtenteils schon gedruckt vorliegende) deutsche Aphorismen Pollaks*

*Aus* NJ:

*1* Die Liebe ist nicht das Mittel zum Leben, sondern das Leben ist ein Mittel zur Liebe.

*2* Im Tun wie im Nichtstun liegt Kraft; Schwäche liegt nur im Getue.

*Aus* NFP1:

*3* Die Wahrheit ist wie eine elektrisch geladene Kugel; ihre Nähe erkennt man am sichersten aus dem Grade der Anziehung und Abstoßung, die eine Sache auslöst.

*4* Das gedruckte Wort spricht immer das Herzensidiom des Lesers; daher stammt auch die leise Ernüchterung, wenn ein geliebter Dichter (man liebt die Buchstaben seines Namens) aus seinen Werken vorliest. Schon mit dem fremden Klang der bekannten Worte beginnt es, es ist, als stelle er sich zwischen sein Werk und den Empfänger.

*5* Das Rezept, das die Menschheit vorwärtsbringt, heißt: Optimistische Unzufriedenheit.

*6* Sentimentalität verhält sich zum Gefühl wie Gutmütigkeit zur Güte. Wie Passives also zum Aktiven.

*7* Das ärgste Schimpfwort unserer Zeit heißt: Idealist. Doch wird einem meist wohlwollend zu verstehen gegeben, daß man noch nicht fallengelassen werde, denn Idealismus gilt als eine Art Kinderkrankheit, die jeder einmal durchmachen muß, die aber vorübergeht. Ich muß euch betrüben, ihr Guten: Ihr habt nämlich keine Ahnung, was das ist: Idealismus. *Ideengläubiger heißt Idealist.* Mit Vorräten an Lebensfremdheit und rosigen Brillen hat das wahrhaftig nichts zu tun! Ihr werdet vielleicht erzürnt sein, denn ihr fürchtet um euer Amüsement. Vielen Dank. Könnte mich etwas mehr von meiner Wahrheit überzeugen als eure Feindschaft, die nichts ist als das ewige Unverzeihen der Schwachen gegenüber dem Gelingen!? Laßt euch noch etwas sagen: es geht nicht vorüber. Denn es liegt tiefer. Ganz tief. Es liegt im Wesen; in der Überzeugung; in der Anschauung der Welt. So kann man es nicht ablegen wie schmutzige Wäsche oder ausgewachsene Schuhe. Wer dies tut, glaubt mir, hat das Schimpfwort „Idealist" nie verdient!

*8* Ein Währungswechsel ist schon deshalb bisweilen nötig, damit man aus den Gesprächen der Vorübergehenden einmal ein anderes Wort auffängt als das Wort: Schilling.

*9* Tugend ist eine von Jahren unabhängige Gabe und Beschaffenheit unseres Wesens.

*10* Die Macht, die manche Ungebornen des Geistes (vielleicht für ewig) abgetrieben hat, die den Fortschritt zweier Jahrzehnte zu einem von zwei Jahrhunderten gemacht hat, heißt: Das skeptische Lächeln.

*11* Um die innerliche Beschaffenheit eines Menschen richtig zu sehen, muß man sich bemühen, die äußerlichen Dinge einmal mit seinen Augen zu sehen. Denn meistens weiß man nur, *wie* er sieht, nicht aber, *warum* er so sieht.

*12* Um mit Erfolg Verteidiger sein zu können, müßte man Staatsanwalt werden. Denn in dem Augenblick, da jemand seine Gesinnung bekennt, beginnen so und so viele Möglichkeiten sich ihm zu verschließen.

*Aus* NFP2:

*13* Die meisten Menschen glauben, „gut sein" heiße „nichts Böses tun"; selbst das negativ Aktive aber ist dem Wesen des Guten näher als das Laue.

*Aus* NFP3:

*14* Der scharf ausgeprägte Charakter mancher Menschen ist ihre Charakterlosigkeit.

*15* Man muß immer eine Utopie wollen, um eine Realität zu erreichen.

*Aus* NFP4:

*16* Glück oder Unglück gehören meist zu den Charaktereigenschaften eines Menschen.

*17* Menschentum hängt nicht ab von Künstlertum, Künstlertum aber immer vom Menschentum.

*18* Die Menschen jener Altersstufe, die jedermann berechtigt, sie unreif zu nennen, sind deswegen so wertvoll und sympathisch, weil sie wenigstens die Möglichkeit in sich tragen, etwas zu werden; bei denen, die man „reif" nennt, ist meistens auch diese Hoffnung schon nichtig.

*Aus* FUR:

*19* Aphorismensammlung: Geröll und versunkenes Gold am Grunde eines Gedankenflusses.

*Aus den „Aphorismen zum 50. Todestag von Karl Kraus“ in* MH:

*20* Seine Ironie machte sich stets nur über eine Traurigkeit lustig.

*21* Die Kraus’sche Satire: eine Grimasse der Qual, die wie Grinsen wirkt; jener Siedepunkt des Schmerzes, der die Sensation der Kälte erzeugt.

*22* Viele der heutigen Realitäten waren seine vorgestrigen Satiren.

*23* Da ihm mit Hitler alles einfiel, fiel ihm zu Hitler nichts ein.

*24* Er wurde selbst von denen unterschätzt, die ihn überschätzten.

*25* Da er in seiner Jugend nicht mit dem Kopf durch die Wand gehen konnte, ließ er sich zeitlebens die Wand durch den Kopf gehen.

*26* Sein Nachruhm lief seinem Ruhm voraus.

(Nur für die vorstehenden Texte aus MH [von denen die beiden letzten aus Zeitgründen damals nicht mehr aufgenommen werden konnten, aber vom Autor als Typoskript in Reinhold Grimms Exemplar der Zeitschrift eingeklebt wurden] gilt also der redaktionelle Hinweis auf MH, S. 427, wonach Pollaks Kraus-Aphorismen „expressly for Monatshefte“ verfaßt worden seien.)

**Abkürzungen**

BA „Felix Anselm, [Aphorismus]", in *Bridge Anthology* 10, No. 9 (September 1956), S. 165

TR „Felix Anselm, Mental Reservations", in *Trace* 19 (October 1956), S. 1f.

T3 „Felix Anselm, MENTAL RESERVATIONS: Aphorisms and Marginalia" (Typoskript aus dem Nachlaß, mit Angabe der damaligen Adresse Pollaks [„Felix Anselm / 939 Elmwood Avenue (Coach House) / Evanston, Illinois"] und dem handschriftlichen Zusatz „To New World Writing / Sept. 2, 1957")

AHS „Felix Anselm, Mental Reservations", in *A Houyhnhnm's Scrapbook* 4 (December 1958), S. 17f.

CHR „Felix Anselm, Mental Reservations: A Group of Aphorisms", in *Chicago Review* 2, No. 2 (Summer 1959), S. 77

NWR1 „Felix Anselm, Objections Sustained", in *Northwest Review* (Fall/Winter 1959), S. 9 u. 68

NWR2 [Redaktionelle Berichtigung], in *Northwest Review* (Spring 1960), S. 1

2: NWR1
4: seventh] NWR1 sixth *doch handschriftlich verbessert* seventh
been apologizing] NWR1 apologized *doch handschriftlich verbessert* been apologizing
5: most] T3 *handschriftlich für* really
7: imagine] NWR1 understand
11: fulfills] NWR1 fulfils
13: NWR1
15: symbolic of] T3 symbolic for
18: NWR1
22: NWR1
28: NWR1
52: NWR1
56: those he] T3 those whom he *dann handschriftlich gekürzt*
58: NWR1
61: NWR1
65: The right way of living] NWR1 The right of living NWR2 the right way of living *(redaktionelle Berichtigung)*
66: NWR1
69: to make it] T3 make it *dann handschriftlich eingefügt* to
79: usually] T3 *handschriftlich für* invariably
86: Some] T3 *handschriftlich für* Many  Some] T3 *handschriftlich für* Many
109: didn't] T3 wouldn't
126: true] T3 *handschriftlich für* through
155: a common] T3 *handschriftlich für* the same
156: he] T3 he's *dann handschriftlich geändert*
158: he recognizes] T3 *handschriftlich für* he's recognizing
168: me] NWR1 us *doch handschriftlich verbessert* me
169: likelihood] T3 *handschriftlich für* possibility  will] T3 *handschriftlich für* might
192: T3 *der ganze Aphorismus handschriftlich eingefügt*
200: he] T3 *handschriftlich für* one
217: *Vgl. jedoch bereits* 193

*Weitere (nicht in* T3 *enthaltene, aber schon gedruckt vorliegende) englische Aphorismen Pollaks*

*Aus* TR *und* BA:

*221* Unbelievers and agnostics seldom tolerate disbelievers in their unbelief and agnostics toward their agnosticism. Doubters have no use for doubters of their doubt, skeptics require unskeptical acceptance of their skepticism, the unorthodox demand the most orthodox unorthodoxy from their flock, anarchists want their followers to toe the anarchic line, revolutionaries approve only of comrades dedicated to the conservation of past revolutionary achievements, and who is more religiously irreligious than an atheist?

*222* He is a limited thinker indeed who can see only 'both' sides of an issue!

*223* The less people distinguish between, the more they discriminate against.

*224* One simply has to make a decision as to what one wants more: to think well, or to be well thought of.

*225* The artist is a man who matures earlier than the average person and stays immature longer.

*226* Idle thoughts: cause and effect.

*227* Work: a prophylactic against thought.

*228* He received his training as a newspaper critic of art, literature, and the drama during his early association with a manufacturer of paper towel dispensers which he had to imprint with the trade-marked words, *Pull Down Tear Up.*

*229* The journalist writes in order to make a living. The poet lives in order to make a writing.

*230* The average reader sticks to the sense and doesn't understand the letter.

*231* Reading *per se* is no more a virtue than walking *per se*. It all depends on where one is walking or reading to. The good reader is motivated by the wish to let the author's thoughts arouse his own, and has reached his aim when he stops reading to start thinking. The bad reader wishes to let the author's thoughts take over and blot out his own thoughtlessness. Reading, for the first, provides food for thought; for the second, dope for a void.

*232* A bad book devoured with gusto is more nourishing than a good book consumed without appetite.

*233* Reading: the translation of an author into a reader.

*234* There are two basic types of readers: the recreational and the recreative.

*235* 'That is beyond me' – is usually the definition of [*handschriftlich verbessert aus* for] something worthwhile.

*236* The artist seldom expresses all he feels; the dilettante always more than he feels.

*237* Good writing: controlled abandon, not abandoned control. [*Auch, mit Quellenangabe* TRACE *und Verfassernamen, in* BA. *Es handelt sich eindeutig um einen Nachdruck;* TR *muß also, trotz der gegensätzlichen Datierung, vor* BA *erschienen sein.*]

*238* The artist is like a self-winding watch: he creates his life's tensions in order to release them into his work.

*239* The books in a rental library are at your disposal like the women in a public house; the books in your own library, like the wives of your private harem. Owning a library is practising bibliopolygamy.

*240* The editors of literary anthologies usually play host in order to mingle with the guests.

*Aus* AHS:

*241* If you point your finger to a place on the map, you'll observe that there are two kinds of people in the world: those that look at the map, and those who look at the finger.

*242* I have no use for him. That's why I like him.

*243* Just as every good reader becomes a potential author, a co-author, when he encounters the book that is dynamic enough to free his latent creative potencies, so every good author is really a frustrated reader who has never been able to find the book he's all his life been looking for: until he finally sets out to write it himself.

*244* The novelist's craft: to make a short story long.

*245* Entertainment: the industry that can't take our troubles off our minds and therefore strives to take our minds off our troubles.

*246* If there were only paid and hired scoundrels in the world, one might despair. But fortunately there are still a few idealists around who will commit a foul deed for its own sake!

*247* All I know is what I don't read in the paper.

*248* My sour grapes are the grapes I can reach.

*Aus* CHR:

*249* It is the margin of imperfection that makes a work of art effective, for it transforms passive observers into active participants. The flawless pleases perfectionists; the flawed makes perfecters.

*250* I'd never suspect some of my ignoble capacities, were it not for the fact that I am capable of suspecting them in others.

*251* Life sharpens me as the pencil sharpener the pencil. I am becoming more pointed – but less.

*252* My sense of humor prevents me from laughing more often, just as my aesthetic sense keeps me from enjoying more sights. Only the tasteless live in the land of plenty.

*253* Marriage: She chanced to fall into the searchlight of his love and was run over. She didn't leave the scene of the accident (from which he never fully recovered) but took her seat beside him, in charge of dimming his headlights to safeguard him against any future accidents.

*254* Happiness: The thought of the cinder that failed to fly into your eye.

*255* He proposed a little exchange of thoughts. The outright spuriousness of the deal never entered his head.

*Aus* NWR1:

*256* If life *couldn't* be better, it wouldn't be so bad [*doch vgl. Mental Reservations 6*].

*Nachweise zum autobiographischen Anhang*

„New York, ein Schiff, ein Emigrant“ (1939):
Erstdruck in *Akzente* 26, H. 3 (Juni 1979), S. 314–320. Wie im Typoskript, so trägt der Text auch dort den Schlußvermerk: „New York, Sommer 1939.“

„Umrisse einer Autobiographie für junge Amerikaner“ (1980):
Erstdruck in *Northeast* Reihe V, Nr. 5 (Winter 1991–1992), S. 11–24 unter dem Titel „Felix Pollak: An Autobiographical Sketch“. Der Text, der als Einführung zu einer Lesung Pollaks an der University of Wisconsin-La Crosse vorgetragen wurde, besitzt im Typoskript keine Überschrift, sondern ist lediglich mit dem Vermerk versehen: „Resumé [*sic*] for John Judson / Dec. 16 + 17, 1980.“ Im Druck lautet dieser Vermerk etwas ausführlicher: „Resume Written for John Judson / December 16–17, 1980.“ Judson, der nicht nur Professor in La Crosse, sondern auch Herausgeber von *Northeast* ist, strich bereits einen unmittelbar zur Lesung überleitenden Absatz am Schluß. Die Übersetzung von Reinhold Grimm hat diese Streichung übernommen sowie einige weitere unmittelbar auf den Anlaß und auf Judson und seine Studenten bezüglichen Bemerkungen getilgt.

## *NACHWORT*

Der österreichisch-amerikanische Dichter Felix Pollak starb am 19. November 1987, knapp achtundsiebzig Jahre alt, in Madison, Wisconsin, betrauert von seiner Familie, seinen Freunden und einer ständig wachsenden Zahl von Lesern und Zuhörern. Denn noch immer trat er, selbst in seinen letzten Lebensjahren, nicht nur mit Buch- und Zeitschriftenveröffentlichungen, sondern auch mit Lesungen ans Publikum oder meldete sich über den Rundfunk zu Wort; ja, im Sommer 1987 unternahm er sogar noch, begleitet von seiner Frau Sara, eine mehrwöchige Lese- und Vortragsreise durch die Bundesrepublik Deutschland und besuchte im Anschluß daran seine Heimatstadt Wien. Pollak hielt, was er in seiner autobiographischen Skizze von 1980 versprochen hatte: er schrieb, arbeitete und veröffentlichte bis zuletzt. Noch am Vorabend seiner Einlieferung ins Krankenhaus, wenige Tage vor seinem Tod und schon gezeichnet von ihm, bestand er mit leiser, doch fester Stimme darauf, eine gemeinsame Arbeit in Angriff zu nehmen. (Von Luther stammt der Satz: „Wenn ich wüßte, daß morgen die Welt untergeht, würde ich noch heute einen Apfelbaum pflanzen.") Ich habe das betreffende Blatt, den Anfang einer Gedichtübersetzung, als ein letztes Andenken an den Freund bis heute aufbewahrt.

1987 beliefen sich Pollaks Buchveröffentlichungen auf sechs zum Teil zwar nur schmale, aber stets höchst gewichtige Bände. Sie sind ausnahmslos in einem makellosen und idiomatisch reichen, von dem Emigranten längst meisterhaft beherrschten und gehandhabten amerikanischen Englisch abgefaßt und bei amerikanischen Verlagen erschienen; und fast ausschließlich enthalten sie Gedichte. Der erste dieser Bände, *The Castle and the Flaw*, kam übrigens im selben Jahr 1963 heraus, in dem sich bereits – bittere Ironie eines grausamen Schicksals – die ersten Symptome von Pollaks unheilbarem Augenleiden bemerkbar machten, das dann zu seiner allmählichen Erblindung führen sollte. Veröffentlicht allerdings (oder, besser gesagt, aufs neue veröffentlicht nach seinen schriftstellerischen Anfängen im Wien der späten zwanziger und dreißiger Jahre) hatte Felix Pollak schon seit Beginn der fünfziger Jahre wieder: nun freilich, jedenfalls was die Lyrik angeht, durchwegs auf englisch und in amerikanischen Zeitschriften, jedoch trotzdem, bezeichnend genug, nach wie vor unter seinem aus Österreich mitgebrachten Pseudonym Felix Anselm, das er auch noch für die Einzelveröffentlichungen seiner deutschsprachigen Aphorismen in westdeutschen und österreichischen Zeitschriften beibehielt, um es erst mit Erscheinen des erwähnten Bandes zu lüften und ein für allemal aufzugeben.

An *The Castle and the Flaw*, diese überaus erfolgreiche Sammlung von Pollaks frühen, indes bereits völlig ausgereiften Gedichten in englischer Sprache – sie erzielte ein Halbdutzend Auflagen – schlossen sich im Abstand von jeweils etwa fünf Jahren vier weitere Gedichtsammlungen, die ebenfalls mehrmals aufgelegt wurden. So erschien 1969 der Band *Say When*, 1973 (mit ergänzenden Übersetzungen) der Band *Gingko*, 1978 der Band *Subject to Change* und 1984 (wiederum mit Übersetzungen) der Band *Tunnel Visions*. Dieses letzte Buch Pollaks, das noch zu seinen Lebzeiten gedruckt wurde, ist zugleich dasjenige, worin die Erfahrung seiner zunehmenden Erblindung ihre so bewegende und gleichwohl so karge und verhaltene Darstellung gefunden und auf unvergeßliche Weise Gestalt gewonnen hat. Es umfaßt ebenfalls zumeist Gedichte, und zwar vielfach mehrteilige und längere oder sogenannte Erzählgedichte; doch begegnet daneben auch Kurzprosa. Ganz dem Pollakschen Prosaschaffen sowie einer weit weniger persönlichen, obschon nicht minder intensiv ergriffenen Thematik ist hingegen die im Jahr zuvor erschienene Sammlung *Prose and Cons* (1983) gewidmet, die eine Auswahl aus den Essays und den satirisch-polemischen Texten des Dichters bietet und ihn und sein Verfahren ja bereits durch ihre wortspielerische Titelgebung zur Genüge kennzeichnet. Die Veröffentlichung zweier noch von ihm selber vorbereiteten Auswahlbände mit Gedichten zu erleben war Felix Pollak leider nicht vergönnt. Beide, sowohl die (umfangreichere) englische Sammlung von 1988, *Benefits of Doubt*, als auch die darauf basierende, noch auf Pollaks eigene Anweisungen zurückgehende und dann von mir im Fischer Taschenbuch Verlag herausgegebene zweisprachige Auswahl von 1989, *Vom Nutzen des Zweifels*, erschienen postum. Keine Frage, daß jede von ihnen einen repräsentativen

Querschnitt durch das Pollaksche Lyrikschaffen liefert; doch erschöpfend sind sie darum keineswegs. Vieles – und beileibe nicht bloß Lyrisches – ruht noch in Pollaks Nachlaß, den die Memorial Library der University of Wisconsin in Madison besitzt und betreut.

Ich habe mich bei meinen bisherigen Bemerkungen wiederholt auf einige meiner bereits anderswo gedruckten Beiträge zu Leben und Werk Felix Pollaks gestützt und werde das auch im folgenden tun. Auf diese Beiträge (vgl. die bibliographische Notiz am Ende) darf ich zur Ergänzung des hier Gesagten verweisen. Ohnehin verflossen die letzten Lebensjahre des Dichters, also diejenigen seit seinem Rückblick von 1980, vergleichsweise geruhsam und auf jeden Fall in schon vertrauten Bahnen. Lediglich die Art und auch Intensität seiner Übersetzertätigkeit änderte sich noch. Denn hatte Pollak vorher allein und eher sporadisch Texte aus dem Deutschen übertragen, und zwar vor allem ältere Lyrik von Rilke oder Wedekind und namentlich Heine, so übersetzte er danach in größerem Ausmaß – und, wie bereits angedeutet, in enger Zusammenarbeit mit mir – nun vor allem Gegenwartslyrik von Günter Kunert, Marie Luise Kaschnitz und insbesondere Hans Magnus Enzensberger. Nicht jede dieser Gedichtübertragungen, die damals entstanden, ist bisher im Druck erschienen, doch immerhin eine erkleckliche Anzahl davon. Sie finden sich zumeist in entsprechenden amerikanischen Zeitschriften wie *New Letters, Northwest Review, Literary Review, TriQuarterly* oder *American Poetry Review* sowie in der rührigen britischen Literaturzeitschrift *The Rialto*. Sogar in einschlägigen Anthologien wie dem *Oxford Book of Marriage* sind solche Gemeinschaftsarbeiten von Pollak und mir als gelegentliche Nachdrucke vertreten.

Was aber endlich die Pollakschen Aphorismen selbst anbelangt, die ja mit unserer Ausgabe zum ersten Male in Buchform vorliegen, so gilt es, zweierlei mit Entschiedenheit festzuhalten. Zum einen ist meine frühere Feststellung, wonach in Pollaks Werk das lyrische Schaffen – und nicht etwa nur quantitativ, sondern auch qualitativ – „bei weitem“ überwiege, zumindest in letzterer Hinsicht zu berichtigen; denn es kann gar kein Zweifel sein, daß Pollaks Aphoristik, entgegen meiner Behauptung, nach Rang und dichterischer Leistung ebenbürtig und gleichberechtigt neben seiner Lyrik steht. Umgekehrt freilich erweist sich dafür meine zweite Feststellung in diesem Zusammenhang als desto zutreffender: daß nämlich Pollaks Werk sich durch eine „absolute Doppelsprachigkeit" auszeichne (oder doch unverkennbar davon zeuge) und daß derlei gerade bei einem Lyriker „etwas höchst Ungewöhnliches, fast Einzigartiges" sei. Der Dichter Felix Pollak ist hierin in der Tat, ich darf es wiederholen, ein singulärer Fall – und in seinem aphoristischen Schaffen keineswegs weniger, sondern beinahe mehr noch als in seinem lyrischen. Schrieb er, vielleicht nicht unbeeinflußt durch unsere gemeinsame Übersetzertätigkeit, deutsche Gedichte und Rückübertragungen seiner eigenen englischen Verse ins Deutsche erst wieder gegen Ende seines Lebens, so hat er offenbar an seinen Aphorismen, den deutschen wie den englischen, jahrzehntelang zur gleichen Zeit oder auch abwechselnd gearbeitet, ja im wahrsten Sinne des Wortes unermüdlich gefeilt. Die Übereinstimmungen, die zwischen den betreffenden Texten herrschen, bekunden dies, wie selbst ein flüchtiger Blick auf sie lehrt, mit aller nur wünschbaren Beredtsamkeit.

Doch nicht nur wird das stupende Phänomen der Pollakschen Doppelsprachigkeit durch die nunmehr zugänglichen Aphorismen auf eindrucksvolle Weise bestätigt und vollends erhärtet. Schon rein umfangmäßig sind diese Aphorismen ja, in ihrer Fülle und Vielfalt, ungewöhnlich eindrucksvoll. Das wurde allerdings erst mit Verspätung deutlich; und daher rührt denn auch mein anfängliches Fehlurteil. Daß es dazu kommen konnte, lag einfach daran, daß Pollak kaum – jedenfalls nicht mir gegenüber, so sonderbar es klingt – von seiner Aphoristik gesprochen hat. Ich wußte zwar, daß er auch Aphorismen schrieb und geschrieben hatte; ja, ich durfte einige (die zum 50. Todestag von Karl Kraus) in der damals von mir herausgegebenen germanistischen Zeitschrift *Monatshefte* sogar veröffentlichen. Vom Umfang des dann im Nachlaß aufgefundenen Textmaterials aber oder davon, daß die Ursprünge der Pollakschen Aphoristik bis in seine Wiener Jahre um 1930 zurückreichten, ahnte ich nicht das geringste. Die Einsicht, daß diese Gattung mithin den Dichter gleichsam zeit seines Lebens begleitet und beschäftigt hatte, ergab sich mir nur ganz allmählich.

Das, was im Kellergeschoß von Pollaks kleinem Häuschen zunächst zum Vorschein kam, war – neben Zeugnissen von beträchtlichem biographisch-historischem Wert, wie sie die ungefähr zwanzig Briefe von Henry Miller und die über hundert Briefe von Anaïs Nin darstellen – das sauber abgeschriebene Typoskript einer nicht bloß vollständig abgeschlossenen, sondern auch vollkommen abgerundeten, sozusagen druckfertigen Sammlung von Aphorismen mit dem Titel „Aus der Luft gegriffen". Wann der Dichter letzte Hand an sie gelegt hatte, stand außer Zweifel; denn als Widmungsexemplar für seine Frau Sara war dieses in makellosem Deutsch abgefaßte Typoskript sorgfältig datiert, und zwar auf den 16. Mai 1953. Man konnte daraus also fürs erste schließen, daß der jüdische Emigrant Felix Pollak noch rund fünfzehn Jahre nach seinem durch Hitler erzwungenen Verlassen des deutschen Sprachraums, und obendrein ohne irgendwelche unmittelbaren Kontakte mit dessen Literatur, solche durch und durch deutschen, ja nicht selten ausgesprochen österreichischen Aphorismen formuliert oder zumindest überarbeitet und gesammelt hatte, während es ihm doch gleichzeitig in wachsendem Maße gelang, Lyrik in mittlerweile völlig unverfälschtem Amerikanisch nicht allein zu verfassen, sondern mehr und mehr auch bereits zur Veröffentlichung zu bringen (und nur wer den Literaturbetrieb in den USA kennt, weiß, was derlei bei einem Ausländer und damit Außenseiter, der man nämlich selbst nach der Naturalisierung stets bleibt, besagen will). Der glänzende Aphoristiker, der noch immer sein angestammtes Deutsch schreibt, zugleich jedoch ein bedeutender englischschreibender Lyriker ist oder zu werden sich anschickt: dies beides zusammen – so folgerte ich in meiner Entdeckerfreude weiter – müsse wohl mit Fug und Recht als ein ganz und gar beispielloser Fall in der gesamten deutschsprachigen Exilliteratur gelten.

Und das alles war und ist ja auch durchaus richtig. Es blieb indes nach wie vor, wie sich alsbald zeigen sollte, ungenügend und der Ergänzung bedürftig. Denn was sich nachträglich herausstellte, und zwar auf Grund von Pollaks eigenen Datierungen, war eben die schlichte Tatsache, daß bereits Dutzende der in jenem Typoskript von 1953 enthaltenen Aphorismen in österreichischen und (west)deutschen Zeitungen oder Zeitschriften erschienen waren. Die frühesten dieser Veröffentlichungen – zumeist in der Wiener *Neuen Freien Presse* – fallen sogar, wie schon erwähnt, in die beginnenden dreißiger Jahre. Woraus sich also plötzlich zwingend ergab, daß ein Teil der Pollakschen Aphorismensammlung noch vor Pollaks Emigration entstanden war und daß somit das Manuskript und/oder Typoskript ihn als *work in progress* bis nach Evanston, Illinois, wo er bei dessen Abschluß als Curator of Rare Books an der Northwestern University wirkte, begleitet hatte. Zu allem Überfluß tauchte zu guter Letzt dann auch eine handschriftlich überarbeitete und vielfach geänderte (allerdings unfertige) Fassung des „Aus der Luft gegriffen“ überschriebenen Typoskripts auf, die unter anderm die besagten, inzwischen durch Autopsie überprüften und verifizierten Datierungen enthält. Aus dieser – bisher gänzlich unbekannten – revidierten Fassung, die nunmehr den Titel „Lebenszeichen“ trägt und deren Entdeckung wir dem Grazer Literarhistoriker Walter Grünzweig verdanken, geht klar und eindeutig hervor, daß Pollak sich mindestens noch 1956, vermutlich aber weitaus länger, ja bis in seine spätesten Madisoner Jahre hinein mit seiner deutschen Aphorismensammlung beschäftigt hat. Das seinerzeit nicht bloß abgeschlossene, sondern auch in sich geschlossene, in jeder Hinsicht abgerundete Werk war erneut zum offenen, bruchstückhaften *work in progress* geworden.

Daß Pollak die Arbeit an ihm unterbrach und den Text seiner Aphorismensammlung zeitweilig beiseite legte, erklärt sich ebenso natürlich wie überzeugend daraus, daß er, als er sein zweifaches dichterisches Lebenswerk zu sichten begann, sich zuerst der leichteren Aufgabe der Zusammenstellung seiner ausgewählten Gedichte, des nachmaligen Bandes *Benefits of Doubt*, zuwenden wollte; die schwerere Aufgabe der Vorbereitung und – so hoffte Pollak inständig – baldigen Veröffentlichung einer definitiven Fassung seiner deutschen Aphorismen war jedoch fest eingeplant und sollte, wie die Witwe des Dichters zu berichten weiß, unmittelbar nach Abschluß der Arbeit an der Gedichtauswahl in Angriff genommen werden. Freilich, dazu ist es dann leider nicht mehr gekommen, sowenig wie es Felix Pollak beschieden war, das Erscheinen der beiden Auswahlbände seiner Gedichte, des englischen von 1988 oder gar des deutschen bzw. zweisprachigen von 1989, noch zu erleben. Die Neufassung der Aphorismensammlung „Aus der Luft gegriffen" war und blieb Fragment. Wir legen sie deshalb in ihrer ursprünglichen Fassung vom Mai 1953 vor; abweichend davon ist lediglich die auf ausdrücklichen Wunsch von Sara Pollak erfolgte Übernahme des neuen Titels „Lebenszeichen" und die Einfügung der Widmung an Pollaks Bruder Hans. Alle sonstigen Zusätze, Einschübe, Umstellungen und (größtenteils vorläufigen) Streichungen sowie alle stilistischen Eingriffe aus der fragmentarischen Neufassung erscheinen als Lesarten im Anhang, der darüber hinaus die schon veröffentlichten, aber von Pollak weder in das frühere noch in das spätere (fast ausschließlich handschriftlich überarbeitete) Typoskript aufgenommenen aphoristischen Texte bietet. Die beigegebenen englischen Aphorismen, die zur Hauptsache dem umfangreichen Typoskript „Mental Reservations" von 1957 entstammen, erscheinen ebenfalls im Anhang, in dem auch die autobiographischen Texte „New York, ein Schiff, ein Emigrant" (1939) und „Umrisse einer Autobiographie für junge Amerikaner" (1980; dt. 1992) enthalten sind.

Auf die innere, vornehmlich sprachliche und sprachkünstlerische Einheit von Lyrik und Aphoristik im Werk Felix Pollaks habe ich bereits mehrfach hingewiesen. Daß daneben aber auch Unterschiede und sogar Gegensätze bestehen, ist selbstverständlich und braucht eigentlich nicht besonders hervorgehoben zu werden. Was bei einem Vergleich der Pollakschen Äußerungsformen vor allem auffällt, dürfte wohl die höchst unterschiedliche Behandlung der beiden Grunderfahrungen des Dichters, der seiner Vertreibung aus der Heimat und der seiner allmählichen Erblindung sein, die doch beide in seiner Lyrik eine so vielfache, menschlich wie dichterisch gleich exemplarische Gestaltung gefunden haben, während sie in der Aphoristik so gut wie nie begegnen. (Sogar noch ein Satz wie „Das trostloseste Heimweh ist das in der Heimat", den gewiß jeder Leser auf Anhieb dem nach dem Kriege heimkehrenden oder auch bloß zu Besuch in seiner Heimatstadt weilenden

Emigranten zuschreiben würde, geht nachweislich und beinahe unverändert auf die beginnenden dreißiger Jahre zurück und verrät so eher eine Art existentiellen Exilgefühls, das den Dichter von Anfang an prägte.) Wie sehr jedoch andererseits Pollaks Schaffensbereiche, neben jener durchgängigen stilistischen Einheitlichkeit und über sie hinaus, trotzdem auch thematisch und motivlich miteinander verknüpft und verzahnt sind, ja einander oft unauflöslich durchdringen, dürfte wohl ebenfalls auf der Hand liegen.

Ein paar fast willkürlich herausgegriffene Beispiele mögen diese Einheitlichkeit und innere Einheit wenigstens in Ansätzen veranschaulichen. Die Dialektik von vermeintlichem Heldentum und sogenannter Feigheit etwa, die der Aphoristiker in einer Betrachtung über die „öffentliche Feierlichkeitsheuchelei gegenüber den verwundeten oder toten Soldaten einer Nation" (Pollak war ja selber mehrere Jahre eingezogen) diskursiv entwickelt, entfaltet der Lyriker auf prägnant poetische Weise im vielleicht wirkungsvollsten, sicherlich aber bekanntesten seiner Gedichte, das nicht nur (von ihm selbst) ins Deutsche, sondern unter anderm auch ins Russische und Japanische übertragen wurde und im englischen Original „Speaking: The Hero", in der deutschen Übersetzung „Es spricht: der Held" überschrieben ist. Aus lauter lapidaren Zweizeilern zusammengesetzt, die jeweils zwei sachlich-nüchterne Aussagen lakonisch nebeneinanderstellen, beruht Pollaks Text zur Gänze auf jener bitter-satirischen, so empörenden wie erschütternden Widersprüchlichkeit. Es genügt vollauf, die zwei ersten sowie die letzte der insgesamt fünfzehn Kurzstrophen anzuführen:

*Ich wollte nicht gehen.*
*Sie zogen mich ein.*

*Ich wollte nicht sterben.*
*Sie nannten mich feige.*

*[...]*

*Ich starb als Feigling.*
*Sie nennen mich: Held.*

Ähnlich nahe und aufschlußreiche Beziehungen kann man punktuell an sentenzenhaften Einsichten oder Bekenntnissen wie „Glück: der Gedanke an das Rußkörnchen, das dir nicht ins Auge flog“ oder „Ich fürchte mich nicht vor dem Sterben, aber die Welt in mir fürchtet sich vor dem Untergehen“ beobachten, die in den Gedichten „Astronaut“ bzw. „Galilei“ wiederkehren, oder vollends an dem etwas längeren Aphorismus, welcher lautet:

*Die Flamme besteht darin und dadurch, daß sie ihre Substanz verzehrt – also sich selbst. Sie lebt, indem sie stirbt, und stirbt, indem sie lebt, und in dieser Gleichzeitigkeit von Sein, Werden und Vergehen, in dieser steten Wandlung besteht ihre Identität. Mit der Identität des Individuums verhält es sich nicht anders; und vielleicht verhält es sich so mit jeglicher Substanz, und Baum und Stein sind nur kalte, d.h. unendlich langsame Flammen.*

Aus diesem Aphorismus entstand Jahre später das schöne, formal wie sprachlich freilich desto schwierigere – und darum, wie auch Pollak schließlich einsah, unübersetzbare – Gedicht „All Things Are Candles“:

*The candle's dying makes the candle live,*
*as nothing is that is not by its ceasing*
*– not time, nor light, nor love.*

*All things are flames: some fiercely blazing*
*ecstatic stakes that are at once consumed,*
*some slower paraphrasings*

*of the same theme; but all alive, entombed*
*within their dying to their dying day*
*that started in a womb.*

*All things are candles, even stones – although*
*we burn too hot to fathom their cool rays.*

Der aphoristische Einfall von ehedem (der im Urtext noch nicht einmal ganz konsequent durchdacht war, weshalb er entsprechend emendiert werden mußte) ist hier in schlackenlose Verse voller Wohllaut und bannender Bildlichkeit umgeschmolzen... Verse, die geradezu, obzwar nun als schwermütige Variation, an das berühmte Goethesche Gedicht „Selige Sehnsucht“ erinnern.

Immer wieder erweist sich, daß bei Pollak Lyrik und Aphoristik – von der besagten Einschränkung abgesehen – aufs innigste miteinander verschwistert sind. Wollte ich meinerseits ihre Verwandtschaft über die Gattungsgrenzen hinweg auf gut pollakisch ausdrücken, so würde ich ebenso schlicht wie beziehungsreich sagen: Beide sind im Schaffen dieses Dichters aus einem Guß. Denn nicht allein die für Vers oder Prosa jeweils spezifische Formbeherrschung, auch keineswegs bloß die Verbindung von reifer Gedanklichkeit und Tiefe des Gefühls, die sich in ihnen kundtut, sondern gerade die gezielte Mehrdeutigkeit oder Ambiguität gehört ja ebenfalls zu jenen dem Lyriker und dem Aphoristiker gemeinsamen Merkmalen. Belege hierfür kann ich mir schenken, zumal auch dieses feine Gespür für Vieldeutigkeit und Hintergründigkeit erst einen Teilbezirk dessen bezeichnet, was man allgemein als Pollaks hell-, ja überwache Sprachbewußtheit zu bestimmen hat – oder, anders und abermals ihm gemäßer gesagt, was sein sensibles, ja letztlich erotisches Verhältnis zur Sprache (zur deutschen wie dann zur englischen) ausmacht, die er unablässig umworben, unentwegt sowohl beim Wort wie beim Bild genommen hat. Sprache schloß für Felix Pollak Welt nicht nur auf: Sprache war für ihn Welt. „Nichts kommt der Verblüffung und dem freudigen Schreck gleich, die man empfindet, wenn man eine Metapher wieder zu ihrem Ursprung erwachen sieht", notierte er ja; und zusammenfassend – aber nicht etwa hinter vorgehaltener Hand, sondern freimütig und offen – verriet dieser Aphoristiker im Gehäus, als den ich ihn kennenlernte und mit Grund so formel- wie bildhaft kennzeichnen möchte: „Manche meiner besten psychologischen Einsichten verdanke ich nicht meinem Verkehr mit Menschen, sondern meinem Umgang mit Worten."

Dieser intime, zärtlich zeugerische und fortwährend Sinn überraschend erschaffende oder behutsam erschließende, nie aber billig erschleichende Umgang mit den Worten und Wörtern vollzieht sich bei Pollak stets auf neue, in seiner Lyrik wie erst recht in seiner Aphoristik. Man blättere zurück und vergleiche:

*„Jemandem ein Leid zufügen" ist ein tiefes Wort: es wird ihm hinzugefügt, es wird ihm an-getan, und nun ist er mehr geworden, nun ist er um das Leid bereichert. (Eine Freude hingegen*

*kann man jemandem nicht zufügen, die ist nicht auf Lager, die muß man erst fabrizieren, muß sie ihm machen oder bereiten!)*

Redensarten, so wie hier, aber auch Sprichwörter und geflügelte Worte werden entweder liebevoll wörtlich genommen oder unbarmherzig gegen den Strich gelesen; Metaphern und Bilder kommen verwundert zu sich selbst oder erwachen, mit Pollak zu reden, beglückt oder erschrocken zu ihrem Ursprung. Der Dichter, mit einem Wort, löst der Sprache gewissermaßen die Zunge. Ein letztes, besonders einprägsames und bildgesättigtes Beispiel dafür liefert ein Aphorismus, der von der Binsenwahrheit – oder, sachter und sachgemäßer ausgedrückt, der altvertrauten Erkenntnis – ausgeht, daß es eben durchaus „nicht dasselbe" ist, wenn „zwei dasselbe sagen". Denn „Gedanken sind wie Kleider", erläutert Pollak,

*die Gedankenstoffe sind Allgemeingut, aber um dem jeweiligen Träger zu passen, müssen sie auf ihn zugeschnitten sein und je nach seiner Statur an den Nähten ausgelassen oder eingenommen werden. Einem unverändert übernommenen Gedanken merkt man es immer an, daß er dem Nachsager entweder um den Geist schlottert oder ihm zur Zwangsjacke geworden ist.*

Es fällt schwer, nicht noch öfter, zitierend und illustrierend und somit insistierend, des Dichters eigene Prägungen und Wendungen abermals aufzugreifen und zu wiederholen. Angesichts seiner so kreativen wie produktiven Begegnung mit der Sprache und deren Wörtlichkeiten – und damit ist, versteht sich, beileibe nicht bloß seine Muttersprache gemeint – steht man bei Pollak in der Tat vor jenem unerschöpflichen, selber längst sprichwörtlichen *embarras de richesse.*

Dem entspricht, wie ersichtlich, die gleiche üppige Reichhaltigkeit im Inhaltlichen. Denn was dieser Dichter sich in seinem aphoristischen Denken und Deuten vornahm oder, fast ebenso häufig, vorknöpfte, ist schlechterdings alles und jedes, ist sozusagen Gott und die Welt – so wie sich das für die Gattung des Aphorismus ja auch seit jeher ziemt. Ebenfalls zu ihrem Wesen gehört bekanntlich von Anfang an das Moment der poetologischen Selbstreflexion oder Rückbesinnung der Gattung auf sich selbst; Pollaks gesamtes erstes Kapitel – mit so kostbaren Formulierungen wie „Der Aphorismus überholt einen Aufsatz mit einem Satz“ – ist bezeichnenderweise solchen Erwägungen gewidmet. Und nicht minder gattungstypisch, gerade auch innerhalb der deutschsprachigen Aphoristik, sind seine sarkastischen Streifzüge durch die buntscheckige Landschaft dessen, was Friedrich Nietzsche einmal bei ähnlicher Gelegenheit unter die nur scheinbar harmlose Überschrift „Völker und Vaterländer“ gefaßt hat. Pollaks Sammlung liefert etliche Beiträge zur höheren Deutschland- und Österreichkunde, die so ätzend wie gleichwohl erheiternd sind: sei es, daß er den puristischen Fimmel der „Sprachreinigung“ als „Ersetzung eines deutschen Fremdworts durch ein fremdes Deutschwort“ entlarvt und dem Land, wo derlei grassiert oder grassierte, sprachkritisch vorhält, „das einzige“ in der ganzen Welt zu sein, „in dem Knaben nicht zu Männern werden, sondern zu Mannen“; sei es, daß er boshaft-genüßlich von dem kakanischen Spezialdelikt der „fälschlichen Anmaßung eines Amtscharakters“ handelt, nebenbei die Psyche des typischen Wiener Wachmanns bloßlegt oder „die Stadt der Promintern“ mit Invektiven bedenkt, an denen selbst der erbitterte Salzburgbeschimpfer Thomas Bernhard seine grantige Freude gehabt hätte. (Daß dies nicht selten mit Hilfe von waschechten Austriazismen geschieht, wie sie auch Karl Kraus schon zu verwenden liebte, sei bloß am Rande vermerkt.) Zusammenfassend, will sagen mit Bezug auf die Deutschen wie auf die Österreicher, heißt es: „Es ist immer dasselbe: die einen *sind* deutsch – die andern *können's*.“ Doch daß der Dichter darum für die Gefährdung seines jüdisch-deutschen Erbes keineswegs unempfindlich war, lehrt zum Beispiel eine Wortprägung wie „Exhibizionist“, die in ihrer Raffiniertheit der sprachlichen Manipulation, der so winzigen wie wichtigen Vertauschung eines einzigen kleinen Buchstabens, zweifellos ureigenster Pollak ist, die aber genauso zweifelsohne nochmals die Erinnerung an Nietzsche und Kraus, denen dieser Aphoristiker offenbar in so vielem ähnelte, und an ihre entsprechenden Eingriffe und Kombinationen („medi-zynisch“, so lesen wir etwa beim einen, das Laster sei „freudenhausbacken“, beim anderen) unwillkürlich, ja unabweisbar wachruft.

Und ganz wie deren Aphorismen, so sind auch diejenigen Felix Pollaks glänzend wie am ersten Tag. Es gibt kaum ein

Fleckchen in seiner Sammlung, das mit einem selbst nur leisen Hauch literarischer Patina überzogen wäre. Ja, manche seiner Äußerungen, die zur Zeit ihrer Niederschrift als vielleicht allzu kühn und paradox empfunden worden wären, haben sich in der Zwischenzeit als geradezu prophetisch enthüllt und sind längst, freilich als Einsichten anderer, in das allgemeine Bewußtsein eingegangen. Denn was der Dichter und promovierte Jurist beispielsweise in Sachen Recht und Macht, Verbrechen und Strafe erkannte und festhielt, nimmt sich bisweilen wie eine keimhafte Vorwegnahme Foucaultscher Gedankengänge und Thesen aus; und noch deutlicher verhält es sich so, will mir scheinen, mit seiner rund ein Jahrzehnt vor dem Eichmannprozeß formulierten Erkenntnis dessen, was als „Banalität des Bösen" dann durch Hannah Arendt zum gängigen Slogan wurde. Indes, Pollaks bescheidene Evanstoner und Madisoner Klausen oder Bücherklausen im übertragenen wie im wörtlichen Sinne (war er doch, in Amerika sogar in erster Linie, auch ausgebildeter Bibliothekar) erwiesen sich als geräumig genug, um nicht allein solche jüngsten politischen Geschehnisse in sich aufzunehmen, sondern zugleich und vor allem die gesamte europäische oder, wie man bei ihm noch zu sagen hat, abendländische Geistesgeschichte und namentlich eben die Tradition des neuzeitlichen Aphorismus von Montaigne und den französischen Moralisten des 17. und 18. Jahrhunderts über Lichtenberg und Heine bis hin zu seinen unmittelbaren Vorläufern oder gar Vorbildern.

Über das Janusköpfige, obschon nicht unbedingt Zwiespältige einer derartigen Schaffenssituation war sich der Dichter vollauf im klaren; er spürte nur zu sehr, daß er als distanzierter Spätling einerseits ein unbegrenzt Empfangender und Verfügender, andererseits jedoch unweigerlich ein Nachgeborener und mithin ein Stück Epigone war. Mit der ihm eigenen Selbstironie und Neigung zur verblüffenden Umkehrung gestand er daher von vornherein:

*Ich lese Aphorismenbücher immer in der Angst, daß ich einen Satz, der mir einfiel, bereits gedruckt finden könnte. Wenn aber dieser schreckliche Fall wirklich einmal eintritt und mich zwingt, auf daß ich nicht als Plagiator dastehe, meinen Originalgedan-*

*ken in den Papierkorb zu werfen, dann fühle ich den ohnmächtigen Grimm dessen, der soeben entdecken mußte, daß er plagiiert worden ist!*

Zum Glück hat sich Pollak nicht jedesmal an seinen grimmigen Papierkorb gehalten; er hat vielmehr öfters noch seine gesunde gegenteilige Maxime beherzigt, der zufolge sich gute Aphorismen nicht zuletzt dadurch auszeichnen, „daß man ihre Inhalte meistens schon irgendwo schlechter ausgedrückt gelesen hat". Was jedenfalls seine eigenen aphoristischen Einfälle angeht, so sind die meisten von ihnen ja tatsächlich entweder völlig neu oder doch neu und überraschend in Worte gefaßt, sind demnach freier, frischer und manchmal einfach frecher zur Sprache gebracht als bei vielen anderen. Eine besonders glückliche Hand bewies dieser Aphoristiker im Gehäus, scheint mir, wo er sich, wie in seinem Kapitel „Kunst und Künstler", mit Theater und Theaterleuten (nicht umsonst war er in seiner Jugend zeitweilig Max Reinhardt-Schüler gewesen) oder überhaupt mit Literatur und Literaten und deren Wesen und Treiben beschäftigte: wo er also – um mich nochmals auf Nietzsche und Kraus zu berufen – „Aus der Seele der Künstler und Schriftsteller" oder schlechthin „Vom Künstler" sprach oder schrieb. Weniger glücklich hingegen war Pollak, fürchte ich, wo er sich – und auch das verbindet ihn noch mit jenen beiden – der Frau und deren Seele zuwandte sowie über die Beziehung der Geschlechter zueinander räsonierte; einiges mutet hier nicht bloß ein bißchen konventionell, sondern heute auch schon etwas antiquiert oder zu einem überholten *machismo* neigend an. Die betreffenden Passagen, die allerdings zahlen- wie umfangmäßig verschwindend gering sind, bilden insgesamt wohl, trotz ihrer Geschliffenheit und Brillanz, die denkerisch und dichterisch zeitgebundensten in der sonst so reichhaltigen und vielschichtigen, aber dennoch, bei aller Traditionsverflochtenheit oder zumindest -bewußtheit, durchaus eigenständigen Aphoristik Felix Pollaks.

Dieselbe Eigenständigkeit trifft übrigens auch und gerade auf sein Verhältnis zum Kraus'schen oder vollends zum Nietzscheschen Aphorismenwerk zu, sosehr ihm jenes mit Sicherheit, dieses mit hoher Wahrscheinlichkeit als Vorbild und

Muster gedient hat. Die Übereinstimmungen sind in der Tat mitunter frappierend, und es wäre ein leichtes, Belege dafür, im einzelnen wie in größeren Zusammenhängen, nicht nur bei Kraus, sondern ebenso bei Nietzsche nachzuweisen. (Ich habe dies an anderer Stelle bereits etwas ausführlicher getan.) Trotzdem vermag man in sämtlichen Fällen einer solchen (möglichen) Anregung durch Nietzsche oder (wirklichen) Berührung mit ihm das Eigenständige des Pollakschen Reflektierens wie Formulierens schwerlich zu übersehen, den besonderen Ton oder Klang, der ihm innewohnt, schwerlich zu überhören. Und in noch stärkerem Maße gilt dieser Befund beispielsweise für Pollaks psychologische Ein- und Ausblicke, die sich mit den Nietzscheschen keineswegs bloß vergleichen lassen, sondern auch durchwegs messen können. Man betrachte dazu lediglich zwei einander benachbarte Aphorismen aus dem Kapitel „Es", deren Reihenfolge ich allerdings zweckdienlich umkehre:

*Mitleid und Schadenfreude sind siamesische Zwillinge.*

*Es ist die Lust jeden Glücks, Geheimnis zu sein. Es ist die Lust jeden Geheimnisses, sich zu offenbaren. Daher ist es die Lust jeden Glücks, sich selbst zu zerstören.*

Derartige Funde und Fügungen, in ihrer Plastizität und Präzision, ihrer schattenlosen Schärfe des Ausdrucks und schonungslosen Schau des Menschenwesens und menschlichen Geschicks, sind aller Wahlverwandtschaft mit Nietzsche ungeachtet der ureigenste Besitz Felix Pollaks.

Nachzuweisen, daß auch der Fackelkraus auf Pollak eine befruchtende, doch dessen Eigenart in ihrer Entwicklung nirgends hemmende oder einengende Wirkung ausgeübt hat, erübrigt sich ohnehin; denn der eifrige, ja begeisterte Leser sowohl der Kraus'schen Schriften wie der Kraus'schen Zeitschrift und treue Besucher der Kraus'schen Veranstaltungen hat Wesen, Tun und Leistung des von ihm so Verehrten selber zu wiederholten Malen aphoristisch gewürdigt (obschon beileibe nicht unkritisch in den Himmel gehoben). Am schlagendsten und zugleich auch ergötzlichsten äußert sich diese Wahlverwandtschaft Pollaks mit Kraus natürlich in beider Verhältnis zur Sprache, zum Wort und – wie könnte es schließlich anders sein – zum Wortspiel in seinen verschiedensten, insbesondere aber satirisch-entlarvenden Erscheinungsformen. Im pointierten Prägen solcher Wortbildungen steht der Aphoristiker Pollak dem Wiener Altmeister wahrhaftig nicht nach. So nennt er ja etwa im Hinblick auf das Verbot der Empfängnisverhütung durch die katholische Kirche und dessen Überwachung durch ihre Priester diese kurzerhand und echt krausisch – „Geschlechtsverkehrspolizisten". Oder er erklärt, den Sprach- bzw. Amtssprachgebrauch wieder einmal unerbittlich beim Wort nehmend:

*Aus einem Handbuch des deutschen Strafrechts ersehe ich, daß es ein ‚Strafbedürfnis des Staates' gibt. Danach wären also Gefängnisse staatliche Strafbedürfnisanstalten!*

Ja, durch bloßes Auswechseln einer Vorsilbe erhält eine Pollaksche Mißfallensbekundung (die sich vielleicht auch die Philologen hinters Ohr schreiben sollten) im Handumdrehen den ebenso hübschen wie unwiderleglichen Wortlaut:

*Ich kann Experten nicht leiden. Die werden immer gleich so expertinent mit mir!*

Wäre nicht eine solche Beschwerde Kraus ebenfalls aus der Seele gesprochen gewesen? Erst recht indes trifft dies auf die folgende Eintragung zu, die gewissermaßen die spiegelbildliche Entsprechung zu jenem freudenhausbackenen Kraus'schen Laster darstellt:

*Ein Journalist nannte einen andern einen Presstituierten. Es ist eine altbekannte Tatsache, daß Huren, wenn sie aufeinander eine Wut haben, einander Huren schimpfen.*

Das, behaupte ich, hätte weder Karl Kraus noch dessen Vorgänger Friedrich Nietzsche „besser und böser" (wie dieser mit Vorliebe zu sagen pflegte) und obendrein wortspielerisch vernichtender ausdrücken können. Die zweifache, ja dreifache Übereinstimmung ist hier in der Tat vollkommen.

Nicht unerwähnt bleiben darf jedoch ebendeshalb zum Schluß, daß Felix Pollak, bei aller Nähe zu seinen zwei großen Aphoristikerkollegen, sich von ihnen in manchem auch wohltuend und auf jeweils bezeichnende Weise unterscheidet. Denn was zunächst Nietzsche anbelangt, so fehlen der schrille Tonfall und die steile, pathetische Geste, die seine Schriften zuweilen so unangenehm entstellen, in Haltung und Sprachgebung Pollaks ja gänzlich. Was statt dessen bei diesem vorherrscht, sind Halb- und Zwischentöne, ist die unverhohlene Neigung zur Distanz, zum ironischen und selbstironischen Understatement und nicht selten auch zu Resignation und Melancholie. Mit Kraus hingegen teilte der Emigrant zwar das hypersensible, geradezu pathologische Sprachbewußtsein, doch der Kraus'schen Tendenz zum kritischen, ja häufig schon krittelnden Übermaß und überhaupt zum schulmeisterlichen Purismus („Titanenkämpfe mit Beistrichen", heißt es in *Pro domo et mundo* einmal) ist Pollak kaum je erlegen. Wo er dieser Verlockung dennoch nachgab, tat er es eher heiter-beschwingt und beinah verbindlich, ganz ohne den wahrhaft alttestamentarischen Ernst, mit dem Kraus sich, grollend und zürnend, dabei wappnete. Solch Pollaksche Sprach- oder auch bloß Orthographiekritik liest sich dann etwa so:

*Wie armselig, zauberlos und dürr muß doch eine Phantasie sein, die mit ‚F' geschrieben wird! Fantastisch fantasielos! Wohingegen bei einem Gebrauchsgegenstand wie dem Telephon, zumal es zum hellenischen Geist ja doch keine Verbindung herstellen könnte, die zeit- und raumsparende F-Schreibung ganz angebracht erscheint. Telefon. Geht in Ordnung.*

Pathetisches gleich welcher Art lag diesem Dichter ebenso denkbar fern wie alles Zänkische und irgendwie Kleinliche, das sich bei Kraus – so wie das Schrille, Grelle und Steile bei Nietzsche – immer wieder störend vordrängt. Was ihm aber desto näher lag, waren dafür Haltung und Sprachgebung eines anderen, älteren, doch ebenfalls österreichischen Dichters: nämlich die so geistreich und treffsicher wie belustigend in die dramatischen Dialoge und Monologe eingesprengten Bühnenaphorismen des Schauspielers und Wortspielers Johann Nepomuk Nestroy, den sein vielleicht bester Kenner, Franz H. Mautner, mit vollem Recht als einen der „glänzendsten Aphoristiker der deutschen [lies: deutschsprachigen] Literatur" gerühmt hat. Auf ihn und seine Bedeutung für Felix Pollak noch genauer einzugehen ist hier allerdings sowenig mehr möglich wie ein auch noch so kursorischer Seitenblick auf Alfred Polgar oder Peter Altenberg und deren Prosaschaffen, dem sich Pollak gleichermaßen dankbar verpflichtet fühlte. Der bloße Hinweis auf sie und namentlich auf Nestroy muß genügen, um das spezifisch Österreichische der Pollakschen Sprachkunst abschließend nochmals und mit Nachdruck zu unterstreichen. Denn im Gegensatz zu Pollaks Lyrik, die eine doppelt verwurzelte nicht nur in linguistischer, sondern auch in poetologischer Hinsicht ist und sich geradezu als „Synthese aus Karl Kraus und [dem Amerikaner] William Carlos Williams" (so meine tastende frühe Formel) kennzeichnen ließe: im Gegensatz dazu also ist Pollaks Aphoristik trotz ihrer noch markanteren Doppelsprachigkeit eine ausgesprochen einheitlich verwurzelte, ganz und gar von der europäischen und insbesondere eben deutschsprachigen Tradition in Literatur und Philosophie zehrende. Ja, wäre sie nicht umgekehrt sogar ihrerseits geeignet, die brachliegende englischsprachige Aphoristik zu befruchten und neu zu beleben?

Wie genuin nietzschisch immer einzelne aphoristische Texte der Pollakschen Sammlung anmuten mögen, in ihrer Gesamtheit überwiegt das österreichische Erbe und darin vor allem das krausische durchaus. Und der Österreicher Karl Kraus, der ja nicht etwa bloß, wie Pollak, ein Bewunderer, sondern gleichsam der Wiederentdecker Nestroys war, ist es denn auch gewesen, der zu guter Letzt, indem er seinen eigenen poetischen Ort skizzierte, zugleich den unseres Aphoristikers im Gehäus vorwegnehmend entworfen hat. „Die Erlebnisse, die ich brauche," so gestand Kraus nämlich, „habe ich vor der Feuermauer, die ich von meinem Schreibtisch sehe. Da ist viel Platz für das Leben, und ich kann Gott oder den Teufel an die Wand malen."

Es muß ja nicht unbedingt eine Brand- oder Feuermauer sein, die den Horizont des modernen Klausners bildet oder gütig verstellt – ansonsten jedoch erweist sich diese Kraus'sche Ortsbestimmung auch für Felix Pollak und dessen Nachdenken über Gott und die Welt (und den Teufel, nicht zu vergessen) als völlig zutreffend. Am ehesten wohl gemahnen die Ruhe und Abgeschiedenheit, die man an solcher Stätte genießt, an das stille Turm- und Bibliothekszimmer Montaignes und damit an die Anfänge alles aphoristisch-essayistischen Sinnens und

Schreibens im Abendland; nicht zufällig hat sich Pollak auf die *splendid isolation*, die zumindest dem Geist selbst heute noch und selbst in der Hektik Amerikas möglich ist, ausdrücklich berufen. Und war nicht ohnedies ein solcher Ort, so möchte man fortfahren, derjenige Felix Pollaks aufs genaueste auch im biographisch-historischen oder -politischen Verstande? Befand sich nicht der mit knapper Not aus Wien und Österreich Entkommene seinem Zufluchts- und Gastland gegenüber in einer selbstgewählten inneren Emigration, so wie er sich seinem Heimatland und Deutschland gegenüber im erzwungenen Exil befand (von jenem existentiellen Exilerlebnis, das ihn von Jugend an geprägt zu haben scheint und das ich bereits erwähnte, ganz zu schweigen)? Für den Verfasser der Aphorismen jedenfalls dürfte derlei weithin gegolten haben.

Weder in summenden literarischen Salons, wie sie während des Ancien régime und auch später florierten, noch im Trubel und Stimmengewirr überfüllter Literatencafés, wie sie um die Jahrhundertwende und länger im Schwange waren, noch gar, wie im Falle Nietzsches, auf einsamen Felsenpfaden oder entlang einer brandungsumtosten Steilküste entstand das Pollaksche Aphorismenwerk: sein poetisch-philosophischer Ort war und blieb, wie am humanistischen Ursprung der gesamten Gattung, das stille, das – und sei es bloß im übertragenen Sinne – entlegene, das einsiedlerische Gehäus. Ich sehe den Aphoristiker Felix Pollak förmlich vor mir, wie ich den Lyriker Felix Pollak, Jahre danach, oftmals in seiner Klause im Kellergeschoß seines Madisoner Häuschens antraf: über seinen Schreibtisch gebeugt, umgeben von Büchern und Bildern, Briefschaften und Karteikästen, seine geliebte weiße Poetenkatze Lily zusammengerollt und schnurrend oder im Traumschlaf zuckend zu seinen Füßen. So saß er und hing seinen Gedanken nach, spürte die Zeit verrinnen und suchte das Wesen nicht allein einer jeden Lebensstunde, sondern ahnungsvoll selbst noch der Stunde seines Todes zu ergründen und festzuhalten.

Und ebendamit – und zwar bezeichnenderweise in Form eines Prosagedichts mit dem fast beiläufigen Titel „Selbstverständlichkeiten“ – endet ja die Pollaksche Sammlung, ob nun ironisch „Aus der Luft gegriffen“ überschrieben oder, schlichter und dennoch viel anspielungsreicher, „Lebenszeichen" genannt. „Es gibt", notierte der Dichter langsam und stockend,

*Wahrheiten und Sachverhalte, die so einfach sind, daß man sie als selbstverständlich hinnimmt – und sie folglich nie bewußt erlebt – und folglich nie erfaßt. Bis sie einem eines Tages zum erstenmal auf- und einfallen – so lapidar, daß man sich von ihnen überfallen fühlt und ihnen hilflos gegenübersteht, im Urstaunen der Erkenntnis. Zum Beispiel, daß man jedes Jahr einmal das Datum seines Todes durchlebt – den Monat und Tag und die genaue Stunde, in der man sterben wird. Mit bloß der einen Gewißheit: daß man, wenn einmal auch das Jahr des Datums erreicht sein wird – jener Markstein des Lebens, an dem es in den Tod übergeht... daß man dann absolut unfähig sein wird, sich zu erinnern, was man an all den andern Jahrestagen dieses Tages gemacht hat... gedacht... gefühlt... wo... mit wem...*

Und Felix Pollak schloß:

*Heute ist der 27. März, die kleine Uhr auf meinem Schreibtisch zeigt jetzt sechs Minuten nach elf Uhr nachts. Ich höre jemandes Schritte auf dem Straßenpflaster verhallen, rieche den Vorfrühling durchs halboffene Fenster... und sehe den sanften Regen, Regenknospen an haardünnen Zweigen, an den Scheiben...*

*Reinhold Grimm*

### *Bibliographische Notiz zum Nachwort*

Zur Ergänzung darf ich auf folgende bereits veröffentlichte Beiträge von mir verweisen: „Nachwort", in Felix Pollak, *Vom Nutzen des Zweifels: Gedichte*. Herausgegeben und mit einem Nachwort versehen von Reinhold Grimm. Aus dem Amerikanischen von Hans Magnus Enzensberger, Reinhold Grimm, Klaus Reichert und dem Verfasser (Frankfurt/Main: Fischer Taschenbuch Verlag, 1989), S. 205–214; „Notes on Felix Pollak and His Poetry", in *Pembroke Magazine* 22 (1990), S. 34–36; „ ‚So much to Praise': On Felix Pollak and His Poetry", in *Wisconsin Academy Review* 37, Nr. 2 (Frühling 1991), S. 6–8; „Ein Aphoristiker im Gehäus: Neues aus dem Nachlaß von Felix Pollak", in *Modern Austrian Literature* 24, Nr. 3/4 (1991 [recte 1992]), S. 17–41. Ein weiterer Beitrag mit dem Titel „‚My Stepmother Town': Felix Pollak and Vienna" erscheint demnächst in einer Festschrift.

## *Editorische Schlußnotiz und Danksagung*

Zur Textgestaltung ist noch anzumerken, daß sämtliche Numerierungen von den Herausgebern stammen und daß zwei Zusätze aus der Neufassung von „Lebenszeichen“ (ein längerer maschinenschriftlicher und ein kurzer handschriftlicher) auf ausdrücklichen Wunsch von Sara Pollack nicht in unsere Ausgabe aufgenommen wurde. Im übrigen gilt der Dank beider Herausgeber den Herren Dr. Konstantin Kaiser (Wien) und Univ.-Prof. Dr. Kurt Bartsch (Graz), die bei der Beschaffung von Erstdrucken behilflich waren, sowie Frau Mag. Caroline Molina y Vedia (Riverside), die das Typoskript für die Druckvorlage erstellte, und den Herren Walter Helmut Fritz (Karlsruhe) und Univ.-Doz. Dr. Johann Holzner (Innsbruck), die sich schon früh für die Veröffentlichung der Pollakschen Aphorismen eingesetzt haben. Die Verdienste von Herrn Univ.-Doz. Dr. Walter Grünzweig (Graz) wurden bereits im Nachwort gewürdigt.

# E x i l l i t e r a t u r

Stella Rotenberg
**„Scherben sind endlicher Hort ..."**
Ausgewählte Lyrik und Prosa
Herausgegeben von Primus-Heinz Kucher und Armin A. Wallas

188 Seiten, öS 198,-/DM 29,-

Stella Rotenberg mußte 1938 ihr Medizinstudium aufgrund ihrer jüdischen Herkunft abbrechen. 1939 gelang ihr die Flucht über Holland nach England. Nach Kriegsende mußte sie erfahren, daß ihre Eltern und nahezu alle Verwandten in NS-Vernichtungslagern ermordet wurden.

„Die Kargheit und präzise Schönheit ihrer Sprache beeindrucken ebenso wie die klare Einheit von Persönlichkeit und Werk."
*(Die Presse)*

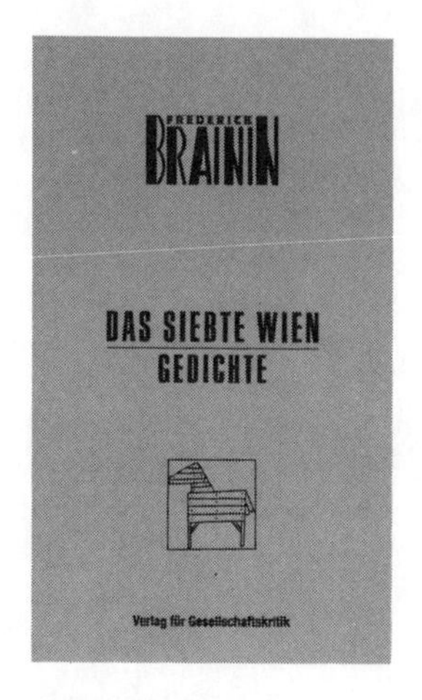


Frederick Brainin
**Das siebte Wien**
Gedichte
Mit einem Nachwort von Jörg Thunecke

168 Seiten, öS 198,-/DM 29,-

50 Jahre nach seiner Flucht in die USA kehrt der 1913 in Wien geborene Lyriker Fritz Brainin im „Gedenkjahr" 1988 in die Stadt seiner Kindheit und Jugend zurück. In der Spannung zwischen New York und Wien kristallisiert sich ihm ein vielschichtiges Bild beider Städte.

„Brainin verschwand am 1. Juli 1938 nicht nur aus Wien, sondern auch aus der österreichischen Literaturgeschichte... Das siebte Wien gehört zu den wichtigsten Entdeckungen österreichischer Exilliteratur."
*(Erich Hackl in ‚Die Zeit')*

Verlag für Gesellschaftskritik
Kaiserstraße 91, A-1070 Wien, Tel: 0222/526 35 82

33.–